für Dr. Burghard Krause

Arbeitsgemeinschaft Missionarische Dienste (Hg.)

spür
bar

glauben.
leben.

Der Nachfolge-Kurs.

neukirchener
aussaat

Impressum

Dieses Buch wurde auf FSC®-zertifiziertem Papier gedruckt.
FSC (Forest Stewardship Council®) ist eine nichtstaatliche,
gemeinnützige Organisation, die sich für eine ökologische und
sozialverantwortliche Nutzung der Wälder unserer Erde einsetzt.

Wenn nicht anders angegeben, sind die Bibelstellen der Übersetzung Lutherbibel, revidierter Text 1984, durchgesehene Ausgabe,
entnommen © 1999 Deutsche Bibelgesellschaft, Stuttgart.

Bibliografische Information der Deutschen Nationalbibliothek

Die Deutsche Nationalbibliothek verzeichnet diese Publikation in
der Deutschen Nationalbibliografie; detaillierte bibliografische
Daten sind im Internet über http://dnb.d-nb.de abrufbar.

© 2014 Neukirchener Verlagsgesellschaft mbH,
Neukirchen-Vluyn
Alle Rechte vorbehalten
Umschlaggestaltung: jungepartner
unter Verwendung eines Bildes von Getty Images/Image100
Lektorat: Silke Römhild, Berlin
DTP: jungepartner
Verwendete Schriften: PTL Notes und PT Serif
Gesamtherstellung: CPI – Clausen & Bosse, Leck
Printed in Germany
ISBN: 978-3-7615-6133-1

www.neukirchener-verlage.de

Inhalt

Vorwort

Kurse zum Glauben blättern in der Regel einen Prospekt des Christseins auf, ohne den Alltag der Nachfolge detailliert beschreiben zu können. Folgerichtig ist „spürbar" konzipiert als zweiter Band zu „SPUR8 – Entdeckungen im Land des Glaubens". Es ist ein „Nachfolge"-Buch im doppelten Sinne. Haben Kurse zum Glauben zum Anliegen, dass Menschen Entdeckungen im Land des Glaubens machen, so will „spürbar", dass sie das Land des Glaubens besser kennenlernen.

„spürbar: glauben. leben." bietet Gemeinden ein Gesamtpaket, um an acht Abenden Themen wie Spiritualität, Umgang mit ethischen Fragen, Weltverantwortung, Gaben und Mitarbeit in der Gemeinde ansprechen zu können.

Dieser Nachfolgekurs wendet sich in erster Linie an Menschen nach einem Glaubenskurs, aber auch an alle, die einfach genauer wissen möchten, welche Relevanz der Glaube für das Leben hat und wie Glaube im Leben erfahrbar und eben „spürbar" wird.

Buch und Gesamtprojekt sind Dr. Burghard Krause gewidmet. Ihm verdankt die Arbeitsgemeinschaft Missionarische Dienste (AMD) als Herausgeberin, und mit ihr alle, die das Glaubensthema in die Mitte kirchlicher Arbeit rücken, entscheidende Impulse.

Auf ihn geht das Gemeindeseminar zu Grundfragen des Glaubens „Christ werden – Christ bleiben", auf dem auch „SPUR8" basiert, zurück. Und folgerichtig konzipierte er die Praxis-Impulse für eine verheißungsorientierte Gemeindeentwicklung mit dem Titel „Auszug aus dem Schneckenhaus" (Neukirchen-Vluyn 1996), die die „Einübung in ein weltzugewandtes Christsein" zur Sache der Gemeinde macht.

Das vorliegende Buch ist Teil eines Materialpakets, das Referententexte, Präsentationen, Impulse für Gruppengespräche, Materialien zum Download etc. enthält. Ein optional verfügbares „spürPaket" bietet Materialien für Teilnehmerinnen und Teilnehmer, die die Botschaft der Abende in den Alltag verlängern.

Die Materialien sind für etwa zweistündige Gemeindeabende konzipiert, aber auch andere Formate wie Tagesseminare, Hauskreisabende, Freizeiten etc. sind möglich.

„spürbar" ist ein Handbuch, aber es ist nicht aus einer Hand. Die acht Folgen wurden von unterschiedlichen Personen gestaltet. Die verschiedenen Folgen atmen die Handschrift der verschiedenen Autorinnen und Autoren. Unterschiedlichkeiten in

Stil, Duktus, Methodik und Theologie sind im Sinne einer bereichernden Vielfalt beibehalten worden.

Ein besonderer Dank gilt an dieser Stelle den Mitgliedern der Projektgruppe (Oliver Albrecht, Kuno Klinkenborg, Maren Müller-Klingler, Hermann Kotthaus, Bianca Neuhaus, Sven Quittkat und Maike Sachs), die in vielen Sitzungen, Mails und Telefonaten „spürbar" möglich gemacht haben. Die Firma jungepartner in Witten hat auch dieses Projekt im gestalterischen Bereich konstruktiv und engagiert begleitet. Andreas Junge und Tobias Hindenlang von jungepartner verdanken wir die Konzeption für das „spürPaket", aber auch die Realisierung der Präsentationen sowie anderer gestalterischer Elemente. Silke Römhild aus der Geschäftsstelle der AMD in Berlin hat mit der Lektorierung des Manuskripts entscheidend zum Gelingen beigetragen. Allen gilt ein herzlicher Dank!

Wir freuen uns, dass auch dieses Buch der AMD wieder bei der Neukirchener Aussaat in Neukirchen-Vluyn erscheint.

Möge „spürbar" dazu dienen, dass Menschen gern im Land des Glaubens unterwegs sind, dass Glaube im Leben „spürbar" wird und Spuren hinterlässt. Das Handmotiv als Leitmotiv bringt das zum Ausdruck und steht für einen Glauben, der im Handeln Gestalt gewinnt.

Berlin, im Juli 2014
Volker Roschke

Grundlagen I. „spürbar" – in aller Kürze

„spürbar: glauben. leben" ist ein Nachfolgekurs. Das vorliegende Buch will Gemeinden helfen, den Weg zum Glauben und in die Nachfolge zu gestalten. Hat SPUR8 als Glaubenskurs zum Ziel, dass Menschen Entdeckungen im Land des Glaubens machen, so will „spürbar" dazu beitragen, dass sie dieses Land besser kennenlernen.

„spürbar" wendet sich in erster Linie an Menschen nach einem Kurs zum Glauben, aber auch an alle, die einfach genauer wissen möchten, welche Relevanz der Glaube für das Leben hat und wie Glaube im Leben erfahrbar und eben „spürbar" wird.

Glaubenskurse bieten Impulse zur Klärung persönlichen Christseins, ohne dabei schon den Alltag der Nachfolge detailliert beschreiben zu können.

„spürbar: glauben. leben" bietet Gemeinden ein Gesamtpaket, um Themen wie Spiritualität, Gaben und Mitarbeit in der Gemeinde, Umgang mit ethischen Fragen, Weltverantwortung und Ähnliches ansprechen zu können.

„spürbar" ist als zweiter Band nach „SPUR8" konzipiert. Referententexte, Präsentationen, methodische Vorschläge, Materialien zum Download und ein zusätzliches „spürPaket" mit „spür-Sachen" für Teilnehmerinnen und Teilnehmer dienen als Basis, um sieben Abende und einen Gottesdienst anzubieten.

Die Materialien sind für etwa zweistündige Gemeindeabende konzipiert, aber auch andere Gestaltungsformen wie Kleingruppen, Tagesseminare, Freizeiten oder anderes sind möglich. Im Unterschied zu SPUR8 und anderen Glaubenskursen lebt „spürbar" von einer größeren methodischen Vielfalt. Vortragseinheiten, Gesprächsrunden und Einzelarbeit wechseln einander ab.

Zum Konzept dieses Nachfolgekurses gehört als Ergänzung ein optional verfügbares, aber unbedingt empfehlenswertes Paket, das sogenannte „spürPaket". Es enthält Materialien für die Teilnehmerinnen und Teilnehmer, die die Botschaft der Abende in den Alltag verlängern. Insbesondere das sogenannte „spür-Buch" bietet auf 100 Seiten viele Texte, Platz für persönliche Notizen, Impulse zum Weiterdenken.

Diese Kombination aus Handbuch, Downloadangeboten und „spürPaket" machen „spürbar" zu einem besonderen Angebot.

Wie bei SPUR8 ist das Format auf sieben Veranstaltungen und einen Abschlussabend als Gottesdienst angelegt, und zwar mit folgenden Themen:

- Folge 1: beziehungsweise – wer gehört zu mir?
- Folge 2: arbeitsam – im Schweiße meines Angesichts
- Folge 3: gewissenhaft – entscheiden und handeln
- Folge 4: bewegt – von HOCHzeiten und TIEFpunkten
- Folge 5: erstaunlich – was in mir steckt
- Folge 6: gemeinsam – wozu die Kirche gut ist
- Folge 7: spirituell – alle Tage Gott
- Folge 8: spürbar – gesegnet und gesandt
  Gottesdienst zum Abschluss von „spürbar"

Grundlagen   II. „spürbar" – vorgestellt

„spürbar" wozu?

Als Kirche, die das Glaubensthema und den missionarischen Auftrag an die erste Stelle setzt, wollen wir uns nicht nur dafür einsetzen, dass Menschen zu einem eigenständigen Glauben finden, sondern auch, dass dieser Glauben zunehmend ihr Leben prägt und ihr Handeln beeinflusst.

Der Weg zum Glauben ist in der Regel lang. Unterschiedliche Stationen und Angebote sind dabei notwendig und hilfreich. Dazu zählen zum Glauben einladende und ihn fördernde Aktivitäten. Beide sind in gleicher Weise wichtig, auch was den Zeit- und Kraftaufwand betrifft. Neben die „Kurse zum Glauben" treten Angebote, um Menschen in den Alltag des Christseins einzuweisen und ihnen zu helfen, als Christen zu leben.

In der Regel wird bei Kursen zum Glauben der Prospekt des Christseins nur aufgeblättert, ohne dabei detailliert beschreiben zu können, was sich im Leben eines Menschen, der Jesus Christus nachfolgt, verändert und welche Auswirkungen der Glaube für die persönliche Weltsicht, sozialen Netzwerke, Fragen von Weltverantwortung, ethische Entscheidungen etc. hat.

Hilft SPUR8 bei „Entdeckungen im Land des Glaubens", so ist das Ziel von „spürbar" dabei zu helfen, sich im Land des Glaubens einzurichten und hier zu leben. Glaube hat Folgen! Die acht Abende sind Einweisung in ein persönliches Christsein, in Nachfolge, Dienst und Weltverantwortung. Sie haben den Zusammenhang von Glaube und Handeln, von Evangelium und Gesetz zum Gegenstand.

„SPUR8 – Entdeckungen im Land des Glaubens" führt den Glaubenskurs „Christ werden – Christ bleiben" von Dr. Burghard Krause weiter. „spürbar" (s. Vorwort) ist ein gänzlich neu gestaltetes Produkt, nimmt allerdings in der theologischen Grundorientierung Gedanken aus dem „Nachfolge-Buch" zu „Christ werden – Christ bleiben" von Dr. B. Krause mit dem Titel „Auszug aus dem Schneckenhaus. Praxisimpulse für eine verheißungsorientierte Gemeindeentwicklung"[1] auf.

Wie das „Schneckenhaus-Buch" ist auch „spürbar" einem weltzugewandten Christsein verpflichtet, das persönliche Fröm-

---

1   Leider ist dieses Buch vergriffen. Sie finden es aber als pdf-Version auf der CD-ROM des Handbuches zu SPUR8, außerdem zum Download im spürArchiv.

migkeit verbindet mit der Teilhabe an Gottes Leidenschaft für seine Welt.

Dieses Handbuch wendet sich an Gemeinden als Veranstalter, an die Referenten und Referentinnen gemeindlicher Angebote, an Leiter und Leiterinnen von Hauskreisen und Kleingruppen, an alle, die mit einem interessierten Personenkreis am Thema „Nachfolge" arbeiten wollen und dafür auf ein gut aufgemachtes Materialpaket zurückgreifen wollen.

„spürbar" ist gedacht als Basis für Impulsabende zum Alltag des Christseins, z.B. im Anschluss an den Glaubenskurs SPUR8 oder einen anderen Glaubenskurs. Mit seinem Themenangebot ist es natürlich auch unabhängig von Glaubenskursen einsetzbar, z.B. wenn Gemeinden ein Angebot machen wollen für Menschen, die fragen, wie das Engagement eines Christen heute aussehen kann, oder Kirchendistanzierte, die sich über den Glauben und den Glaubensalltag informieren wollen. Konzipiert ist „spürbar" für Menschen am Anfang ihres Glaubensweges und für Gemeinden, die Neuanfänger in der Nachfolge begleiten und stärken wollen. Für Menschen, die nach der Bedeutung des Glaubens für ihren Alltag fragen und sich nach konkreten Glaubensschritten sehnen. Für Zeitgenossen, die Glaube und Weltverantwortung bzw. sichtbares Engagement zusammenhalten möchten. Für Teilnehmerinnen und Teilnehmer nach einem Kurs zum Glauben, die Interesse an Vertiefung, also an einem Glauben, der „spürbar" wird, haben.

Sieben Folgen und ein Abschlussgottesdienst

Mit diesem Ziel werden sieben Folgen und ein Abschlussgottesdienst angeboten. Auch darin wird die Nähe zu „SPUR8 – Entdeckungen im Land des Glaubens" deutlich.

„spürbar" ist konzipiert als zweiter Band, als „Nachfolgeband" in doppeltem Sinne.

Grundsätzlich sind die acht Folgen als gemeindliche Abendveranstaltungen geplant. Der Abschlussgottesdienst braucht mehr Zeit, die Folgen 1–7 sind auf einen Zeitrahmen von 120 Minuten hin angelegt.

Die in der Projektgruppe getroffene Entscheidung für diese acht Themen, und damit gegen andere wichtige Themen, ist auf dem Hintergrund entstanden, Spiritualität und Engagement in

Beziehung zu setzen, persönlichen Glaube mit Weltverantwortung zusammenzubringen. Die gewählten inhaltlichen Schwerpunkte stehen stellvertretend für andere Aspekte eines engagierten Christseins im Horizont des Reiches Gottes. Sie motivieren zur Nachfolge und wollen dazu befähigen, die Bibel von gesellschaftlichen und globalen Fragen her zu lesen, Kirche als Botschafterin des Heils zu sehen und sich von Gott bei der Realisierung seines Reiches beteiligen zu lassen.

Weil der Glaube Folgen hat, haben wir die acht Einheiten „Folgen" genannt. Glaube soll ins Leben, also „spürbar" werden.

„spürbar" als Element von Gemeindeentwicklung

Der Nachfolgekurs „spürbar: glauben. leben." versteht sich sowohl als Beitrag zur persönlichen Glaubens- als auch zur Gemeindeentwicklung.

a) Den langen Weg zum Glauben gestalten

Untersuchungen zeigen, dass es in der Regel ein längerer Weg ist, bis Menschen von einem eigenständigen Christsein sprechen.[2] Statistisch gesehen gibt die Greifswalder Untersuchung einen Mittelwert von 5,8 Jahren an![3] Daraus ergibt sich auch als Konsequenz, dass Gemeinden vielfältige und wiederkehrende, den Glauben weckende und den Glauben vertiefende Angebote machen sollten. Der lange Weg zum Glauben will gestaltet sein![4]

Wenn Menschen an Kursen zum Glauben teilnehmen, kommen unterschiedliche Prozesse in Gang. Grundlagen des Glaubens an Jesus Christus werden vermittelt, Glaubenshindernisse bearbeitet, Gemeinde wird positiv erlebt, Menschen lassen sich auf den „neuen Weg" (Apg 19, 23) ein.

Grundsätzlich gilt: Wer Menschen in die Nachfolge Jesu einlädt, übernimmt Verantwortung für sie, sowohl für ihren Glauben als auch für die Gestaltwerdung von Nachfolge!

Nun gilt es, von Seiten der Gemeinde weiterführende Angebote zu machen, die den Prozess des Christwerdens fortsetzen oder

---

2   So auch die Untersuchung der anglikanischen Kirche „Finding faith today – how does it happen" von 1992.
3   Vgl. Johannes Zimmermann / Anna-Konstanze Schröder (Hg.): Wie finden Erwachsene zum Glauben? Einführung und Ergebnisse der Greifswalder Studie, Neukirchen-Vluyn 2010.
4   Zum Folgenden vgl. Arbeitsgemeinschaft Missionarische Dienste (Hg.): SPUR8 – Entdeckungen im Land des Glaubens, Neukirchen Vluyn 2013 , S.68–70.

die Hilfestellungen zum Christbleiben bieten. Deshalb werden Gemeinden den „Zauber des Anfangs" in rechter Weise aufnehmen und vertiefen, um das zarte Pflänzchen Glauben „zu hegen und zu pflegen". Um Menschen in Glaubensdingen zu Wachstum zu verhelfen und sie einzuweisen in die Grundlagen des Glaubens: Gebet, Gemeinschaft, Gottes Wort und Gutes tun.[5]

Anfänger im Glauben oder Interessierte am Christsein brauchen weiterführende Angebote auch im Sinne von Schutzräumen, wo tastend und unsicher die Schritte der Nachfolge eingeübt werden, alle Fragen erlaubt sind, die „Neuen" das Feld bestimmen und nicht die, die immer schon die Kultur der Gemeinde prägen.

Im Handbuch zu SPUR8 finden sich 12 Folgerungen für Gemeinden, die Menschen beim Christwerden und Christbleiben begleiten:

„Gemeinden brauchen dabei auch ‚a place of nurture'[6] im Sinne einer begleiteten Reise, wo der Glaube sich entwickeln kann, ein Schutzraum für erste Schritte in der Nachfolge und Mitarbeit angeboten wird.[7]"

Wir tragen als veranstaltende Gemeinde dafür Sorge, dass Menschen nach einem Glaubenskurs eine Beheimatung in der Gemeinde erfahren, die ihnen entspricht und die in der Gestaltung nicht deutlich hinter das Niveau des Kurses und des Abschlussgottesdienstes zurückfällt. Wir laden zum Glauben an Jesus Christus ein. Dieser Glaube ist immer auch Einladung in die Gemeinde als Sozialraum. Entsprechend brauchen wir Räume der Beheimatung.

Darum macht es Sinn, bereits im Vorlauf eines Glaubenskurses die entsprechende Weiterarbeit anzudenken. Bereits im Vorfeld wird im Trägerkreis, im Leitungsgremium der Gemeinde oder z. B. in einem Ausschuss für Gemeindeentwicklung überlegt, welche Angebote danach möglich und nötig sind bzw. welche Veränderungen im Gemeindeganzen, z. B. im Blick auf eine einladende und gastfreundliche Kultur der Gemeinde, hilfreich sind.

In der Regel wird es sinnvoll sein, interessierte Personen nicht in vorhandene Angebote integrieren zu wollen, sondern für sie

---

5 Siehe Station 7 von „SPUR8": Christ bleiben.
6 So Bischof Stephen Cottrell beim AMD-Theologenkongress 2006 in Leipzig.
7 SPUR8, S. 60f.

etwas spezifisch Neues anzubieten, das ihnen und ihrer Situation entspricht.

Gemeindearbeit traditioneller Prägung hat häufig die Integration von Menschen in eine vorhandene und vorgeprägte Gemeinde zum Ziel. Dabei wird, ausgesprochen oder unausgesprochen, vorausgesetzt, dass die Menschen sich der Gemeinde anpassen. Herkömmliche Gemeindearbeit gleicht oft einem Anzug von der Stange, der, im Bild gesprochen, in einer Größe unterschiedlichsten Menschen passen und gefallen soll. „One size fits all…"

Gemeinden, die sich auf den Weg zu den Menschen machen, ihre Lebensgewohnheiten und -themen studieren, versuchen, den Anzug den Menschen anzupassen. Es geht darum, Gemeinde von den Menschen her zu entwickeln. Das bedeutet Differenzierung statt Integration, das bedeutet Maßgeschneidertes: liebevoll gestaltete Angebote für spezifische Situationen und Menschen.

Unabhängig von Kursen zum Glauben, oft in gehöriger Distanz zu Kirche und konkreter Gemeinde, gibt es interessierte Personen, die sich über den Alltag des Christenlebens informieren wollen oder die vom kirchlichen Engagement im Bereich Umwelt, Entwicklungsfragen, Ökologie, Einsatz für Arme, Diakonie etc. angetan sind und mehr darüber wissen wollen, was eigentlich dahinter steht. Gerade auch für sie ist „spürbar" als Angebot gedacht und sinnvoll!

b) Der Zusammenhang von „Leben, Glauben und Lernen"

Nicht zufällig trägt dieser Nachfolgekurs den Titel „spürbar: glauben. leben." Der Glaube will ins Leben, dort Spuren hinterlassen. Es ist zu spüren, wenn ich Jesus nachfolge. Die Nähe zu Jesus wirkt sich aus, ist deutlich, fühlbar, erfahrbar, nachhaltig.

Aber welche Implikationen hat das für Gemeindeentwicklung?

Die Vermittlung von Themen des Christseins und der Nachfolge, geistliche Bildung also, bedarf einer „Körpersprache des Leibes Christi"[8], die die angesprochenen Inhalte, Themen und Aussagen veranschaulicht („verleiblicht").

1982 hat sich die Kammer der EKD für Bildung und Erziehung in Anknüpfung an die Beschlüsse der Bildungssynode von Bethel

---

8   Der Begriff der „Körpersprache des Leibes Christi" geht auf Dr. Burghard Krause zurück.

(1978) mit dem „Lernort Gemeinde" befasst. Die entsprechende Ausarbeitung „Zusammenhang von Leben, Gemeinde und Lernen. Empfehlungen zur Gemeindepädagogik"[9] macht deutlich, dass das, was gelehrt wird, im Alltag von Kirche anschaulich sein sollte!

Die angesprochenen Themen werden umso nachhaltiger wirken, wenn Menschen sie im Alltag des Handelns ihrer Gemeinde, in der Kultur ihrer Kirche, in Maßnahmen und Aktivitäten wieder entdecken. Die Gemeinde als Biotop, als ein Ort, wo Leben aufblühen kann, zu beschreiben, macht nur Sinn, wenn sich etwas davon im Alltag gemeindlichen Lebens realisiert. Man kann schlecht Kursabende über Weltverantwortung gestalten, wenn die Gemeinde an keiner Stelle solche Verantwortung umsetzt.

Vom Priestertum aller Glaubenden zu reden ist umso nachhaltiger, wenn Menschen auch angehalten und eingeladen werden, ihre Gaben „ins Spiel zu bringen".

Die Kultur einer Gemeinde im Sinne von Mitarbeit und Beteiligung macht die Theorie von der begabten Gemeinde und ihrer Glieder „spürbar". Auch deshalb sind Vorbereitung, Durchführung und evtl. Weiterarbeit dieses Nachfolgekurses an einen Trägerkreis als Team gebunden. Die acht Folgen sollen nicht und können nicht als Veranstaltung von Hauptamtlichen realisiert werden!

---

9   Gütersloh 1982.

Grundlagen III. Themen und Ziele der acht Folgen

Ein Nachfolgekurs mit dem Titel „spürbar: glauben. leben." meint einen Glauben, der Folgen hat. Dementsprechend reden wir von acht „Folgen".

Nach „SPUR8 – Entdeckungen im Land des Glaubens" hat der Nachfolgekurs zum Ziel, dieses Land des Glaubens besser kennenzulernen. Glaube wird im Leben „spürbar", hinterlässt Spuren. Die offene Hand als Leitmotiv bringt das zum Ausdruck, steht aber auch für einen Glauben, der im Handeln Gestalt gewinnt.

Die „Folgen" des Christseins werden in acht Folgen dargestellt. Wir sind immer wieder gefragt worden, warum ausgerechnet diese Themen ausgewählt wurden. In der Tat geht es uns um „Basics". Die Themenwahl ist nicht zufällig. Es gibt aber eine Fülle anderer Themenfelder, die genauso wichtig sind. Die Begrenzung auf acht Folgen bringt mit sich, dass wir eine Auswahl zu treffen hatten. Vielleicht gibt es irgendwann „spürbar–2" oder Teams, die andere Themen bearbeiten und das Material im „spürArchiv" zur Verfügung stellen.

Im Folgenden werden Themen und Ziele der acht Folgen beschrieben:

Folge 1: beziehungsweise – wer gehört zu mir?

Die erste Einheit widmet sich dem Thema Beziehungen. Es soll deutlich werden, dass Menschen grundsätzlich in – wie auch immer gearteten - Beziehungen leben und wie wichtig das für unser Menschsein ist.

Dabei wird auf die Bibel Bezug genommen:

1. auf die Schöpfungsgeschichte, die berichtet, dass der Mensch als Mann und Frau, also als Beziehungswesen erschaffen wurde
2. auf die Gebote, in denen es um das Zusammenleben in der Beziehung geht – sowohl zwischen Menschen als auch zwischen Gott und Mensch
3. auf Versöhnung: Versöhnung beschreibt ein heilendes Beziehungsgeschehen

Der christliche Glaube stiftet, erhält, gestaltet und erneuert Beziehungen.

Ziel ist es, die Beziehungen, in denen wir leben, als Gabe und Möglichkeit zu entdecken und (heilsam) zu gestalten.

Folge 2: arbeitsam – im Schweiße meines Angesichts

Die Folge 2 „arbeitsam" leitet zur Reflexion der eigenen Arbeitswelt (Broterwerb; Ehrenamt; Hausarbeit; Konflikte u. Ä.) an und macht eigene Entscheidungen bewusst.

Dazu werden biblische und theologische Aspekte des Lebensbereichs „Arbeit" in den Blick genommen. Die möglichen Auswirkungen des Glaubens auf die Art und Weise meines Arbeitens sollen erspürt und im Gespräch vertieft werden.

Folge 3: gewissenhaft – entscheiden und handeln

In der dritten Folge geht es um die Verantwortung von Christen für die Welt. Christen sind mitverantwortlich für politische und gesellschaftliche Prozesse. Aus der Schöpfungsgeschichte verstehen sich Christen als von Gott beauftragt, diese Welt zu bebauen und zu bewahren. Weltverantwortung kann man sehr groß und global denken, aber auch ganz lokal begreifen als Verantwortung für das Zusammenleben in der Nachbarschaft und im Gemeinwesen.

In den Gruppenphasen wird an ausgewählten Fallbeispielen und durch Arbeitsschritte beleuchtet, wie man zu einer ethischen Entscheidung kommt und was mögliche Verhaltensweisen für Christen sein können. Bewusst wird den Teilnehmenden vor Augen geführt, dass es oftmals nicht die eindeutige Schlussfolgerung gibt, wie sich „der Christ" oder „die Christin" in einer bestimmten Situation zu verhalten habe. Dennoch wird dazu aufgefordert, Entscheidungen bewusst zu treffen und kleine, praktische Schritte der Umsetzung einzuüben.

Folge 4: bewegt – von HOCHzeiten und TIEFpunkten

In dieser Einheit soll es um prägende Erfahrungen gehen, die wir als *Hochzeiten oder Tiefpunkte* im eigenen Leben empfinden. Im Blick sind besondere Einschnitte, Wendepunkte, Erlebnisse oder Erfahrungen, die nachhaltig wirken. Als solche beglücken und stärken sie uns und stiften Sinn; oder sie deprimieren uns, führen uns in eine Krise und stellen uns und unseren Glauben infrage.

Wie kann es gelingen, beglückende und positive Erfahrungen für die Gegenwart fruchtbar zu machen? Und wie können wir mit Tiefpunkten leben lernen und so damit umgehen, dass sie Wendepunkte zur Besinnung, Neuorientierung oder Veränderung werden? Darauf versucht diese Einheit aus der Perspektive des Glaubens eine Antwort zu geben.

Die Teilnehmenden werden behutsam dazu angeleitet, sich sowohl individuell als auch in Gemeinschaft die *Hochzeiten und Tiefpunkte* im eigenen Leben zu vergegenwärtigen und sie im Horizont des Glaubens zu deuten. Das eigene Gottesbild soll dabei reflektiert und das Gebet, insbesondere auch das Psalmengebet, als konkrete Hilfe zum Umgang mit Hochzeiten und Tiefpunkten vorgestellt bzw. (wieder-)entdeckt werden.

Nach Röm 12, 15 („Freut euch mit den Fröhlichen und weint mit den Weinenden") ist Lebensbewältigung auch als gemeindliche Aufgabe zu verstehen. Welche Möglichkeiten uns insbesondere die christliche Gemeinschaft im Umgang mit *Hochzeiten oder Tiefpunkten* anbietet, soll in dieser Einheit deshalb erfahrbar gemacht werden.

Hochzeiten und Tiefpunkte im Rahmen eines Glaubenskurses zu thematisieren ist ein Wagnis, weil dadurch Intimes und Tiefliegendes berührt wird. Möglicherweise werden wunde Punkte bei den Teilnehmenden angesprochen, und sie wollen oder können manches nicht im Rahmen des Kursgeschehens benennen und aufarbeiten. Die Durchführung dieser Einheit erfordert daher von den Mitarbeitenden seelsorgliche Kompetenz und Achtung von persönlichen Grenzen. Eine seelsorgliche Begleitung von Einzelnen über die Einheit hinaus sollte generell angeboten werden.

Folge 5: erstaunlich – was in mir steckt

Diese Folge thematisiert die Einmaligkeit, die jeden Menschen auszeichnet. Als geliebte Geschöpfe Gottes sind wir alle beschenkt – mit Zeit, Talenten, Fähigkeiten, Charakter, Erfahrungen und Kreativität. Es ist erstaunlich zu entdecken, was im Menschen steckt!

Doch nicht die „Berühmten" und das „Außerordentliche" stehen im Fokus. Die Impulse und Übungen wollen die Schätze des Alltäglichen heben, und zwar aller Menschen.

Die fünfte Folge hilft, die eigene Kreativität und die persönlichen Gaben zu entdecken. Dabei steht die Freude an den Entdeckungen an erster Stelle, ohne gleich an einen Nutzen oder eine Verwertbarkeit zu denken.

In einem dritten Schritt wird entfaltet, wie die eigenen Begabungen andere ermutigen, bereichern und beschenken können. Denn schließlich ist es erstaunlich, was in mir steckt!

Folge 6: gemeinsam – wozu die Kirche gut ist

Die teilnehmenden Personen haben erste, (hoffentlich positive) Erfahrungen mit einer Gemeinde gemacht. Möglich ist auch, dass sie bereits eine längere Geschichte mit Kirche und Gemeindeleben haben. Vielleicht stehen sie der Kirche aber auch ausgesprochen kritisch gegenüber.

In der sechsten Folge wird vermittelt, wozu die Kirche da ist, was sie zu einer besonderen Organisation macht, was ihre elementaren Lebensäußerungen sind und welchen Auftrag sie in der Welt und für die Welt hat. Teilnehmerinnen und Teilnehmer erfahren, wozu sie, wenn sie als Christen leben wollen, eine Gemeinde brauchen und wozu die Gemeinde sie braucht. Die Begriffe „Kirche" bzw. „Gemeinde" werden in dieser Einheit synonym gebraucht.

Dabei werden grundsätzliche Aspekte zum Wesen von Kirche, nämlich **Leiturgia** (Gottesdienst), **Martyria** (Zeugnis, Verkündigung), **Koinonia** (Gemeinschaft) und **Diakonia** (Dienst, Barmherzigkeit) in Beziehung gesetzt zu eigenen Erfahrungen mit der Alltagswirklichkeit von Kirche. Die Möglichkeit einer persönlichen Beteiligung bei der Gestaltung von Gemeindewirklichkeit wird aufgezeigt und dazu eingeladen.

Folge 7: spirituell – alle Tage Gott

In dieser Folge geht es darum, wie wir Gott im Alltag Raum geben können.

Ein Schwerpunkt liegt dabei auf dem Beten, das als Teil des Alltags neu entdeckt wird. Ziel ist, Beten als alltägliches, persönliches Gespräch mit Gott zu erleben – so wie mit einem guten Freund.

Das ist kein Zusatzprogramm, keine fromme Pflichtübung, sondern etwas Befreiendes, Selbstverständliches. Und manch einer wird sich sagen: Damit hätte ich eigentlich schon lange beginnen können.

In einem ersten Gedankengang wird entdeckt, wie Gott in allem, was wir tun, dabei ist und wie das unser Leben stark und fröhlich machen kann.

In einem zweiten Gedankengang wird Gott neben all unserem Tun ein besonderer Platz eingeräumt. Das strahlt in alle Bereiche unseres Lebens aus.

Folge 8: spürbar – gesegnet und gesandt
Gottesdienst zum Abschluss von „spürbar"

Den Abschluss von „spürbar: glauben. leben." bildet ein Gottesdienst, in dem die Inhalte der Abende gebündelt und ins „Leben" gebracht werden sollen. Gedacht ist dabei an einen „Werkstatt-Gottesdienst", der erst an dem achten Abend der Seminarreihe entsteht und die Themen der sieben Folgen aufnimmt:

- **„beziehungsweise"** wird der Gottesdienst in kleinen Gruppen vorbereitet.

- **„arbeitsam"** wird es deshalb in der ersten Phase des Abends, der Gottesdienstvorbereitung, zugehen.

- **„gewissenhaft"** werden in Arbeitsgruppen Entscheidungen über die Inhalte selbstständig gefällt.

- **„bewegt"** könnte der Gottesdienst werden – auf jeden Fall hat in ihm das Platz, was die Teilnehmenden bewegt: Höhen und Tiefen.

- **„erstaunlich"** werden wir sagen, wenn wir entdecken, was in uns steckt und zu wie vielem wir fähig sind.

- **„gemeinsam"** werden wir, von Gott und seinen Gaben überrascht, Gottesdienst feiern.

- **„spirituell"** werden wir berührt von Gottes Geist und seinem Segen.

Als biblisches Motto des Abends kann die Kurzbeschreibung einer „Gottesdienstorganisation" von Paulus aus seinem ersten Brief an die Korinther dienen: „Wie ist es denn nun, liebe Brüder? Wenn ihr zusammenkommt, so hat ein jeder einen Psalm, er hat eine Lehre, er hat eine Offenbarung, er hat eine Zungenrede, er hat eine Auslegung. Lasst es alles geschehen zur Erbauung!"[10]

Ein Gottesdienst ist nie eine im Verborgenen gefeierte „Winkelmesse", dennoch macht die Form des Werkstatt-Gottesdienstes eine Integration in den normalen Gemeindegottesdienst schwierig. Der Gottesdienst sollte also als Teil des Nachfolgekurses verstanden werden, kann aber ohne Weiteres für Gäste offen sein.

---

10   1 Kor 14,26

IV. „spürbar" – Manual

1. „spürbar" – das Veranstaltungsformat

„spürbar" ist eine Gesamtkomposition aus sieben Folgen und einem Abschlussgottesdienst.

Dementsprechend bietet es sich an, die acht Einheiten als Veranstaltungsreihe anzubieten. Dies wird der Regelfall sein. Natürlich kann das Material auch genutzt werden, um andere Formate zu bedienen. Einzelne Einheiten können herausgenommen, die Reihenfolge verändert werden.

Werden nur einzelne Einheiten angeboten, ist es sinnvoll die auszuwählen, die einen „ärgern", „fremd sind", „provozieren", also die Einheiten einzusetzen, die inhaltliche Schwerpunkte bieten, die in der Gemeinde bisher so nicht betont wurden.

Die Zeitangaben (didaktisches Raster) sind auf Veranstaltungen von jeweils ca. 120 Minuten ausgelegt, in der Regel in einem gemeindlichen Setting als Abendveranstaltung.

Der modulare Aufbau der Folgen hilft, das Material auch für Organisationsformen wie Freizeiten, Tagesveranstaltungen, als Material für Kleingruppen, Gemeindekreise, Vormittagsveranstaltungen, Studientage etc. einzusetzen, es auf zwei oder drei Abende aufzuteilen usw. Der Kreativität sind keine Grenzen gesetzt.

Überhaupt ist ein Zeitrahmen von 120 Minuten relativ knapp bemessen, so dass die Zeitfolge sorgfältig im Auge behalten werden muss.

Andere Veranstaltungsformate bieten zudem die Möglichkeit, die angebotenen Schritte ohne Zeitdruck durchführen und mit eigenen Materialien und Ideen anreichern zu können.

„spürbar" kann also auch als Baukasten für Veranstalter genutzt werden, um die Inhalte in ein eigenes Format einzupassen.

Natürlich bieten sich Gemeindehäuser als Veranstaltungsort an. Viele Methoden eignen sich aber auch für ein Wohnzimmer (die Präsentationen können z. B. über einen modernen Fernseher dargestellt werden). „spürbar" eignet sich für Formate von Hauskreisen bis zu großen Gruppen. Es ist gut vorstellbar, dass es sich auch in der nichtkirchlichen Erwachsenenbildung, z. B. in der Volkshochschularbeit, einsetzen lässt. Dazu gibt es bisher noch keine Erfahrungen. Wir freuen uns über entsprechende Erfahrungsberichte.

Wo es einzurichten ist, gewinnt „spürbar" deutlich, wenn es mit einem Imbiss, einem gemeinsamen Essen, vielleicht als „bring-and-share", verbunden wird. Diese halbe Stunde als Vorprogramm bringt Teilnehmerinnen und Teilnehmer bereits miteinander ins Gespräch, schafft Kontakte, fördert Vertrauen und Offenheit, bietet einen gleitenden Beginn für die, die aus beruflichen oder familiären Gründen nicht immer pünktlich sein können, hält eine Erfrischung und ein Essen für solche bereit, die es nicht mehr schaffen, vor dem Abendtermin zu essen.

Bei einigen Folgen gibt es Angebote und Ideen für einen thematischen Einstieg vor der offiziellen Begrüßung, z. B. eine Slideshow zu „Arbeit" (Folge 2), ebenso zu „HOCHzeiten und TIEFpunkten" (Folge 4) oder eine Verkostung unterschiedlicher Honigarten (Folge 3). Sicher werden bei vielen Veranstaltern im Team weitere interessante Ideen kreiert werden, um diese Phase zu gestalten.

Im Normalfall, wenn eine Kirchengemeinde Veranstalterin ist, werden die Veranstaltungen im Gemeindehaus stattfinden.

Die Teilnehmenden sitzen an Tischen (etwa 6–8 Personen). Der Gottesdienst braucht und hat einen anderen Rahmen. Die Folge 4 benötigt für die Gestaltung der Gebetsstationen weitere gemeindliche Räume oder eine Kirche.

Ob die Tischgruppen über alle sieben Folgen hinweg zusammenbleiben oder sich jeweils neu finden, muss im Vorbereitungskreis entschieden werden.

Der Raum für „spürbar" sollte in seiner Gesamtheit einen (gast-)freundlichen, einladenden Charakter haben. Empfohlen wird, ein eigenes Team mit den Gestaltungsfragen, auch in Variation zu den einzelnen Themen, zu beauftragen. Die „Körpersprache des Leibes Christi" unterstreicht und fördert, dass wir mit unseren Angeboten Menschen wert schätzen, sie uns wichtig sind und wir uns freuen, dass sie sich für Glaube und Nachfolge interessieren.

Vielleicht richten Sie ja auch eine „spürBar" ein, um mit den Gästen im Anschluss an die Veranstaltung ins Gespräch zu kommen!

Über Rückmeldungen und Bilder, auch als Anregung für andere Veranstalter, über die Homepage www.spuerbar.org freuen wir uns!

Ähnlich wie bei SPUR8 ist es sinnvoll, die Werbung für „spürbar" mit der Möglichkeit einer Anmeldung zu verbinden. So erhält man, in Grenzen zwar, eine Übersicht über die zu erwartende Anzahl an Teilnehmerinnen und Teilnehmer, kann den Raum entsprechend gestalten, spürPakete bestellen und den Imbiss vorbereiten.

Werbematerialien finden Sie auf der Homepage www.spuerbar. org.

In der Regel werden Beamer und Leinwand benötigt, teilweise andere Hilfsmittel. Dies ist sowohl in den Materiallisten (s. u.) als auch den methodischen Hinweisen vermerkt.

Da, wo Technik zum Einsatz kommt, hat es sich als sinnvoll erwiesen, diese vorher auszuprobieren. Immer wieder treten Inkompatibilitäten zwischen Beamer und Notebook[11] auf, manchmal gibt es Darstellungsprobleme bei Präsentationen auf einzelnen Geräten.

2. Der Material-Mix macht's!

Vom „Material-Mix" spricht man z. B., wenn vom modernen Autobau die Rede ist. Eine innovative Mischung unterschiedlicher Materialien macht leichte, energiesparende und sichere Automobile möglich. Die Modenschau der AMD-Berlin (Arbeitsgemeinschaft Mode Design) im Januar 2014[12] zeigte Kollektionen, die durch einen raffinierten Materialmix erfreuten. In anderen Zusammenhängen sagen wir: Die Mischung macht's!

Das „spürbar"-Angebot besteht aus diesem Handbuch, dem „spürArchiv", aus dem alle Präsentationen, die Vortragsteile, Texte zum Verteilen etc. heruntergeladen werden können, dem „spürPaket", einer originellen und hochwertigen Zusammenstellung einzelner „spürSachen", die an den Abenden mitgegeben werden, um die vermittelten Inhalte anschaulich zu machen, nicht zuletzt gehört dazu auch ein „spürBuch" mit wichtigen Texten, Impulsen und Raum für eigene Notizen.

Der Material-Mix macht's! So ist „spürbar" einzigartig, hochwertig und auf Nachhaltigkeit angelegt.

---

11   Es hat sich bewährt, das Notebook so aufzustellen, dass der Bildschirm als Kontrolldisplay dient, Referentin, Referent also nicht nach hinten auf die Leinwand schauen müssen. Der Einsatz einer Fernbedienung für das Weiterschalten von Folien ist dabei ausgesprochen hilfreich.

12   http://amdmag.de/tag/graduate-show/ (aufgesucht am 9.7.2014)

Der „spürbar" Material-Mix besteht im Einzelnen aus folgenden Modulen:

Das Handbuch zum Nachfolgekurs

„spürbar: glauben. leben.", 192 Seiten, Neukirchener Aussaat, Neukirchen-Vluyn, 2014. Sie halten es in Ihren Händen!

Gutschein

Jedem Handbuch „spürbar" liegt ein Gutschein bei, der Sie in die Lage versetzt, zum Vorzugspreis von 5,00 € ein „spürPaket" zu bestellen. Außerdem finden Sie auf diesem Gutschein Ihre Zugangsdaten zum „spürArchiv".

spürArchiv

Beim Glaubenskurs SPUR8 finden Referentinnen, Referenten und Veranstalter alle Dateien auf einer CD-ROM, die dem Buch beigelegt ist. Bei „spürbar" haben wir uns für einen anderen Weg entschieden. Für „spürbar" wurden alle Dateien in das sogenannte „spürArchiv" geladen. Jeder Käufer, jede Käuferin des Handbuches erhält (s. Gutschein) einen persönlichen Zugang zu diesem Daten-Archiv. Alle Dateien liegen auf einem Server und können von jedem berechtigten Nutzer von dort abgerufen und genutzt werden. Diese Lösung bietet die Chance, die Daten kontinuierlich aktualisieren und verändern, Zusatzmaterialien, Erfahrungsberichte, Bilder o. ä. den spürbar-Anwendern zur Verfügung stellen zu können.

Im „spürArchiv" finden Sie zum Beispiel:
- Editierbare Referententexte (8 Folgen)
- Präsentationen
- Texte und Arbeitsmaterialien
- Impulse für Gruppengespräche, Reflexionsphasen etc.
- Buch von Dr. B. Krause „Auszug aus dem Schneckenhaus" als PDF-Datei
- Bonus-Material
- usw.

spürPaket

Der Material-Mix macht's! Besonders attraktiv wird „spürbar"
durch die Möglichkeit, es mit dem „spürPaket" zu verbinden. Das
„spürPaket" hilft, insbesondere durch das sogenannte „spür-
Buch", die Abende ansprechender und nachhaltiger zu gestalten.

Das „spürPaket" enthält folgende „spürSachen":

- Bleistift
- Bierdeckel als Namensschild
- Befestigungsclip
- spürBuch DIN A5
- Namensetikett
- Daumen- und Spiegelkarte (1 und öfter)
- Beziehungslandkarte (1)
- Danke-Karte (1)
- Arbeits-Visitenkarte (2)
- Einkaufswagen-Chip „nachHALTig" (3)
- Parkscheibe „Alles hat seine Zeit" (4)
- Zwei Bierdeckel (5)
- Magnetsticker (6)
- perforierter Pyramidenbogen (6)
- Karte „Gott im Alltag" (7)

Die Zahlen in (Klammern) geben die jeweilige Folge an, in der die „spürSache" zum Einsatz kommt. Sie finden die Materialien des „spürPaketes" zum Anschauen abgebildet unter www.spuerbar. org. Die „spürSachen" werden den Teilnehmerinnen und Teilnehmern im Laufe der einzelnen Folgen ausgehändigt.

Das „spürBuch"

Zum „spürPaket" gehört das sogenannte „spürBuch". Dieses Buch enthält auf ca. 100 Seiten alle für das Projekt wichtigen Texte, Impulse, Fragen, Gebete, Vorschläge für die Weiterarbeit etc. Daneben ist ausreichend Platz für persönliche Notizen, sodass mit dem „spürBuch" eine persönliche Dokumentation zu den acht Folgen entsteht. Eine Innentasche bietet die Möglichkeit, weitere „spürSachen" unterzubringen. Ein Band hält das „spürBuch" geschlossen und nimmt den Bleistift auf.

Natürlich empfehlen wir den Einsatz des „spürPaketes"! Die acht Abende werden dadurch enorm aufgewertet. Sie bieten so eine einzigartige Mischung aus Vortrag, „Begreifbarem", Präsentationen, „spürSachen" etc. Teilnehmerinnen und Teilnehmer erfahren, dass hier Wichtiges für ihr Leben so vermittelt wird, dass Kopf, Hand und Herz angesprochen sind. Gleichzeitig werden Wertschätzung und Wertigkeit verdeutlicht. Es wird eine Nachhaltigkeit erreicht, die das Erlebte dauerhaft erinnern lässt. Die eigenen Notizen, aber auch die diversen Elemente des „spür-Paketes" helfen, dass die Einheiten Folgen haben.

Allerdings können auch alle acht Folgen ohne dieses „spürPaket" durchgeführt werden. Dann müssten allerdings die diversen Texte und Arbeitshilfen, die sonst im „spürBuch" zur Verfügung gestellt sind, entsprechend der Teilnehmerzahl aus dem „spür-Archiv" heruntergeladen und vervielfältigt werden.

Handbuch und „spürArchiv" zusammen geben Veranstaltern, Referentinnen und Referenten, den Tischgruppenverantwortlichen und anderen Nutzern alles an die Hand, was sie brauchen, um mit Menschen am Thema „Nachfolge" arbeiten zu können.

Bezugsquelle

Das „spürPaket" können Sie über die Homepage **www.spuerbar.org** zum Preis von 12,00 € pro Paket zuzüglich Versandkosten bestellen.

Die Käufer des Handbuches erhalten über den Gutschein ein Startpaket zum Vorzugspreis von 5,00 € zuzüglich Versandkosten.

Homepage www.spuerbar.org

Zum Kurs gibt es eine eigene Homepage unter www.spuerbar.org. Dort finden Sie alle wichtigen Informationen zum Projekt, Hinweise auf Neuerungen und Veränderungen, zu weiteren Materialien und Angeboten, z.B. Multiplikatoren-Trainings oder anderen Veranstaltungen, welche neuen Dateien im „spür-Archiv" zu finden sind, Erfahrungsberichte, außerdem Bestellmöglichkeiten für das „spürPaket", weitere „spürSachen", die fakultativ einzusetzen sind, sowie die Werbematerialien für Ihre Veranstaltungen.

Auf www.spuerbar.org finden Sie unter „Shop" alles, was Sie brauchen, um die ergänzenden „spürSachen" entsprechend Ihrer Gruppe zu bestellen.

3. „spürbar" – Team und Leitung

Die Durchführung von „spürbar" bildet das in den einzelnen Folgen entfaltete Bild von Gemeinde als Gemeinschaft der Begabten und Kreativen ab.

Natürlich sollte das Leitungsgremium der Gemeinde über die Durchführung dieser Veranstaltungsreihe, zumal auch im Blick auf den Gottesdienst, informiert sein bzw. einen Beschluss gefasst haben. Und natürlich macht es Sinn, wenn die bezahlten theologischen Mitarbeiterinnen und Mitarbeiter der Gemeinde „spürbar" zu ihrer Sache machen, fördern und mitgestalten. Aber es ist auch möglich, die acht Folgen nur mit einem Team von Ehrenamtlichen durchzuführen.

Ein Modell kann die Durchführung der sieben Folgen durch Ehrenamtliche und die Beteiligung eines Ordinierten oder einer Prädikantin bei Gottesdienst und Abendmahl (Folge 8) sein.

Konstitutiv für diese Form eines Nachfolgekurses ist aber die Trägerschaft durch ein Team, das die Veranstaltungsreihe vorbereitet, durchführt und eventuell auch weiterführt.

Das Team als Trägerkreis zeichnet für unterschiedliche Aufgaben verantwortlich:

Zum Konzept von „spürbar", vergleichbar zu SPUR8, gehört es, dass ein Trägerkreis gebildet wird. In der Regel wird dieser sich aus Haupt- und Ehrenamtlichen zusammensetzen, die gemeinsam und gleichberechtigt für die Durchführung von „spürbar" Verantwortung tragen. Je nach Gemeindesituation schwankt die Zusammensetzung zwischen ca. fünf und fünfzehn Personen.

Das Team als Trägerkreis entscheidet über Aufgabenverteilung, Einsatz von „spürPaket" oder nicht, Werbung etc. In diesem Zusammenhang ist auch zu klären, ob die Gemeinde den Teilnehmenden die Materialien schenkt oder eine Teilnehmergebühr erhebt.

Bewährt hat sich die Bildung von Projektgruppen, die sich nach Neigung und Begabung um diverse Aufgabenbereiche kümmern:

- Werbung/Öffentlichkeitsarbeit
- Moderation
- Referieren
- Raumgestaltung
- Gesprächsleitung Tischgruppen
- Technik
- Bewirtung
- usw.

Mit dem Team ist auch zu klären, was die Mitarbeitenden in der Phase der Vorbereitung von „spürbar" lassen, um nicht in eine Überforderungssituation zu kommen.

Die Frage der Zielgruppe, an wen sich das konkrete „spürbar"-Angebot richten soll, wird im Trägerkreis entschieden und dem Leitungsgremium der Gemeinde mitgeteilt.

Von großer Bedeutung für die Abende ist die Funktion der **„Gesprächsbegleiter"** an den Tischen. Diese Männer und Frauen sollten sich mit Inhalt, Ablauf, Methodik etc. der einzelnen Folgen gut auskennen. Sie stehen den Teilnehmerinnen und Teilnehmern bei den einzelnen Schritten beratend und helfend zur Seite und leiten immer wieder auch die Gespräche in den Tischgruppen. Entsprechend muss Ihnen das Material rechtzeitig zur Verfügung stehen. Zudem benötigen sie eine Einführung in die acht Folgen. Gerade die Funktion der „Gesprächsbegleiter" ist arbeitsintensiv. Diese zusätzlichen Anforderungen brauchen, neben der Frage der Eignung, besondere Aufmerksamkeit!

Leitung der Abende

Wichtig ist, dass eine Person, auch wenn Module von verschiedenen Personen gestaltet werden, durch den Abend leitet und präzise über die Schritte, Methoden, Materialien, Technik und die Gegebenheiten vor Ort informiert ist.

Wer kann referieren? Ein auswärtiger Referent, wie bei SPUR8 empfohlen, ist u. E. für „spürbar" nicht erforderlich. Es ist gut möglich, dass Ehrenamtliche mit einer entsprechenden Kompetenz die Kurzreferate oder die Anleitung einzelner Stationen übernehmen.

Die Folgen können auch von mehreren Personen gestaltet werden, die Module werden dann aufgeteilt. Dabei sollte aber darauf geachtet werden, dass der rote Faden erhalten bleibt.

Wichtig ist (s. u.), dass sich Referentinnen und Referenten die vorgegebenen Texte so aneignen, dass sie möglichst frei vorgetragen werden. Und nehmen Sie sich die Freiheit oder ermutigen andere dazu, die Texte inhaltlich und sprachlich so zu verändern, dass er zu ihrem Text wird, ihnen also entspricht.

4. Methodische Vielfalt und Material-Mix

„spürbar" zeichnet sich durch eine große methodische Vielfalt aus. Impulse durch einen Referenten oder eine Referentin wechseln mit Gesprächsphasen am Tisch oder zu dritt ab, die Teilnehmenden bearbeiten Aufgaben für sich allein etc. Dazu kommt der Einsatz unterschiedlicher Materialien, insbesondere des „spürBuches", aber auch der „spürSachen", die jeden Abend ausgeteilt werden.

Alle Impulse und Materialien sind im Handbuch abgedruckt und finden sich im „spürArchiv" als bearbeitbare WORD-Dateien.

Die acht Folgen wurden von unterschiedlichen Verfassern bzw. Verfasserinnen bearbeitet. Sie sind dementsprechend im Stil, in Duktus und Methodik verschieden. Die Individualität wurde bewusst beibehalten.

Entsprechend differiert der Gebrauch einer gendergerechten Sprache. Auf der einen Seite wurde darauf geachtet, dass insbesondere Vortragstexte nicht zu kompliziert werden, dass aber andererseits den Anforderungen an eine geschlechtergerechte Sprache entsprochen wird.[13]

Die Textvorgabe kann und muss, ähnlich wie der Referententext in SPUR8, angepasst werden an den persönlichen Vortragsstil, die eigenen theologischen Akzentsetzungen, die jeweilige (gemeindliche) Situation, das Veranstaltungsformat etc. Beispiele der Verfasser können selten 1:1 übernommen werden, sondern müssen durch eigene ersetzt werden.

Die Umsetzung und „Übersetzung" der Vorlage erfordert einen beträchtlichen Arbeitsaufwand, der nicht unterschätzt werden darf.

---

13 Vgl. hierzu die Broschüre „Sie ist unser bester Mann!" Wirklich? Tipps für eine geschlechtergerechte Sprache, hg. von EWDE und EKD 2014, download: http://www.ekd.de/download/Folder_geschlechterger_Sprache.pdf (aufgesucht 09.07.2014).

Mit dem Handbuch arbeiten

Das Handbuch sowie das „spürBuch" sind selbsterklärend. In der
Seitenspalte (Marginalie) finden Sie Icons für die jeweiligen Arbeitsschritte:

 Reflexion/
Einzelarbeit

 persönliche
Vertiefung

 Zweiergespräch

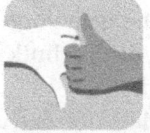 Meinungsbild

 Gruppenarbeit/
Gruppengespräch

 Anregungen
zur Stille

 Materialien
ausgeben

 methodische
Hinweise

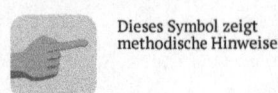

Dieses Symbol zeigt
methodische Hinweise.

Ebenso finden sich in der Seitenspalte auch Abbildungen der Präsentationen, Zeichnungen für FlipChart bzw. die entsprechenden Seiten aus dem „spürBuch".

Der Referententext im „spürArchiv" ist entsprechend gestaltet. Sie finden alle Folien, die methodischen Hinweise usw. an der richtigen Stelle. Da der Text editierbar ist, kann er mit einem Textbearbeitungsprogramm den persönlichen Erfordernissen und Vorstellungen (s. o.) angepasst werden.

Auf zwei Besonderheiten sei zum Schluss im Blick auf die PowerPoints hingewiesen:

1. Die Präsentationen enthalten sogenannte „Schwarz-Folien". Sie sind für Passagen vorgesehen, in denen ohne PowerPoint referiert wird, die Technik aber in der nächsten Phase wieder gebraucht wird.
2. Teilweise werden alternative Folien angeboten oder die Dateien enthalten ausgeblendete Folien, die für die Nutzung freigeschaltet werden können.

5. Singen und Beten

Für die einzelnen Folgen sind passende Lieder und Gebete im Ablauf vorgesehen.

Im „spürBuch", S. 100f, finden Sie außerdem eine Abendliturgie, die für den Abschluss der sieben Folgen genutzt werden kann.

Da jede Gemeinde ihren eigenen Stil hat, ist es sinnvoll, entsprechende Lieder und Gebete aus dem Fundus vor Ort auszuwählen. So wird der Charakter der Gemeinde berücksichtigt und die vorhandenen Liederbücher und Folien können eingesetzt werden.

6. Checklisten: Materialien

Mit dem Kauf des Handbuches „spürbar: glauben. leben." erwerben Sie die Berechtigung, die im Buch abgedruckten Texte, die Präsentationen, die vorgestellten Methoden etc. zu nutzen. Außerdem erwerben Sie mit dem Kauf das Recht, die Dateien, die im „spürArchiv" liegen, für „spürbar"-Veranstaltungen zu nutzen.

Bitte beachten Sie, dass die Materialien nur in diesem Rahmen eingesetzt werden dürfen. Wir müssen darauf hinweisen, dass insbesondere die Nutzung der Bilder außerhalb von „spürbar" lizenzrechtlich nicht abgedeckt ist.

Die für die Gestaltung der einzelnen Folgen benötigten Materialien sind im Handbuch bzw. im Referententext („spürArchiv") aufgeführt. Im Folgenden verweisen wir auf „Besonderheiten", insbesondere auf Materialien, die durch das Handbuch, „spürArchiv" und „spürPaket" nicht abgedeckt sind, sondern zusätzlich beschafft werden müssen. Die folgende Aufstellung hilft, sich im Vorfeld der Veranstaltungsreihe darum kümmern zu können.

V. Zusätzliche Materialien Folgen 1–8

Für alle Folgen:
- Beamer
- Leinwand
- Notebook
- FlipChart
- Moderations-Stifte
- evtl. Moderationswand mit Nadeln
- Liederbücher
- Sinnvoll ist es, zusätzliche Bierdeckel und Bleistifte für die Gestaltung des Raumes, aber auch zum Einsatz bei einzelnen Folgen zu ordern.

Folge 1: beziehungsweise – wer gehört zu mir?
- FlipChart und Stifte für Sprechzeichnen
- evtl. Briefmarken für DANKE-Karte

Folge 2: arbeitsam – im Schweiße meines Angesichts

- Zusätzliche Bierdeckel für Thesen, s. www.spuerbar.org
- Befestigungsmöglichkeit für Bierdeckel: Moderationswand oder Wäscheleine mit Klammern
- Materialien für Bodenbild (alternativ)

Materialliste für das Bodenbild:

Sie finden im „spürArchiv" vier Bilder zum Bodenbild als Illustration!

- großes braunes Tuch (ca. 2–3 qm)
- eine biblische Erzählfigur
- eine kleine Garten- oder Sandschaufel
- eine kleine Schale mit nicht zu kleinen Samen (Getreide, Mais ...)
- ein Heftpflaster
- ein Stofftaschentuch
- ein ca. 2 m langes Seil (Sprungseil o. Ä.)
- ca. 8–10 Playmobilfiguren (o. Ä.), einige davon mit Handschellen oder sonstigen Symbolen der Knechtschaft
- eine Trage o. Ä. womit einige Spielfiguren eine andere tragen können
- ein Papierstreifen beschriftet mit „Konkurrenz, Selbstbehauptung, Rangstreit"
- eine kleine Vase mit frischen Blumen
- eine Serviette oder Deckchen
- ein (Schuh-)Karton
- ein blaues Tuch (ca. 1 qm)
- ein Glas mit Kerze (und Feuerzeug oder Streichhölzer)
- eine Wollschnur
- ein Papierstreifen „geschenkte Zuwendung"
- eine Wäscheklammer
- ein Papierstreifen „Dankbarkeit"
- ein Papierstreifen „Gottesdienst"
- ein Papierstreifen „Menschendienst"

Anleitung zur Gestaltung eines Bodenbildes:

Ein Bodenbild wird während des Erzählens einer Geschichte bzw. dem Referieren eines Textes durch den Referenten oder eine weitere Person nach und nach aufgebaut. Durch das Bodenbild wird das Erzählte anschaulich, die Zusammenhänge des Gesagten werden erkennbar, und am Schluss haben alle das Gesamte im Blick.

Wichtig ist, dass das Bodenbild an einer für alle Anwesenden gut einsehbaren Stelle aufgebaut wird. Dies kann der Fußboden sein, aber auch ein niedriger (oder zusammengeklappter) Tisch. Am besten ist es, wenn alle von schräg oben auf das entstehende Bild schauen können und so die mehrdimensionale Gestaltung des Bodenbildes zur Geltung kommt.

Das Bodenbild lebt davon, dass in der Aufstellung seine einzelnen Elemente in ein sinnvolles Verhältnis zueinander gesetzt werden. Deswegen sollten einmal gesetzte Elemente des Bodenbilds im weiteren Verlauf nur sehr bewusst nochmals verändert werden. Um einschätzen zu können, wie das Bodenbild entsteht und wie es am Schluss fertiggestellt aussieht, ist ein Probeaufbau absolut empfehlenswert, ja notwendig.

Als Materialien des Bodenbilds können Stoffe und Naturmaterialien genauso eingebaut werden wie Spielfiguren und Haushaltsgegenstände. Mit Bändern oder Stricken, Kordeln und Schnüren können Verbindungen gelegt oder Abgrenzungen signalisiert werden. Auch auf Papierstreifen notierte Stichworte können helfen. Diese sollten sparsam eingesetzt und von allen Seiten aus gut lesbar sein.

Wer hat, kann an vielen Stellen biblische Erzählfiguren verwenden, die durch ihre präzise formbare Körperhaltung auf eindrückliche Weise Emotionen und Beziehungen darstellen können.

Um flüssig erzählen bzw. referieren zu können ist es hilfreich, dass die benötigten Materialien geordnet zur Hand sind. Ein Waschkorb oder eine Klappkiste leisten hierbei gute Dienste.

Folge 3: gewissenhaft – entscheiden und handeln
- diverse Honigsorten (fakultativ für Vorprogramm)
- Leine und Klammern zur Befestigung von Papierstreifen etc.
- T-Shirt, Bibel, Plastikbeutel

Folge 4: bewegt – von HOCHzeiten und TIEFpunkten
- entsprechende Anzahl der Tischgruppen – Bildsätze „Band-breite des Lebens"

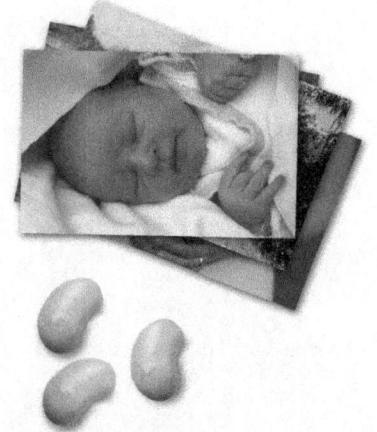

Materialien für die fünf Gebetsstationen:
- Station 1: Sandsack, Boxhandschuhe. Kärtchen mit Ps 55, 17f
- Station 2: Krug mit Wasser, Glasperlen. Kärtchen mit Ps 56, 9
- Station 3: Blumen, Merci-Schokolade. Kärtchen mit Ps 9, 2 Zettel und Stifte
- Station 4: Zettel in Fußform, Stifte
- Station 5: geschützter Bereich, Kerze und Kreuz
- evtl. Bohnen als „spürSache"

Folge 5: erstaunlich – was in mir steckt
- für „Win-Compilation-Clip" im Vorprogramm (fakultativ): leistungsfähiger Internet-Zugang, Lautsprecher, Beamer
- Leine, Klammern
- Schokoriegel „wunderbar" (fakultativ), s. www.spuerbar.org

Folge 6: gemeinsam – wozu die Kirche gut ist
- Kirchen-Puzzle (pro Tischgruppe) durch Fotodienst anferti-gen lassen (fakultativ)

Folge 7: spirituell – alle Tage Gott
- FlipChart und Stifte für Sprechzeichnen bzw. Hinweise
- unterschiedliche Bibelübersetzungen (fakultativ)
- Materialien zur persönlichen Bibellese (fakultativ)

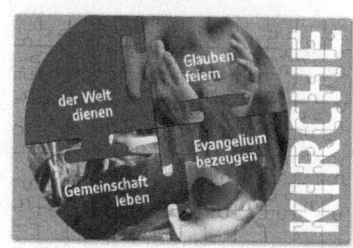

Folge 8: spürbar – gesegnet und gesandt (Abschlussgottesdienst)
- Raumfrage für Gottesdienst langfristig klären
- Absprache mit Leitungsgremium (Gottesdienst!)
- Mindestens zwei FlipCharts oder zusätzliche Moderations-wand
- Bibeln, Konkordanz, Liederbücher
- Material für Raumgestaltung
- Abendmahlsgeräte, Brot und Wein/Saft
- Papier und Stifte

Teil 2:
Die acht Folgen

Folge 1: beziehungsweise
wer gehört zu mir?

Inhalt und Ziele

Die erste Einheit widmet sich dem Thema Beziehungen. Es soll deutlich werden, dass Menschen grundsätzlich in – wie auch immer gearteten – Beziehungen leben und wie wichtig das für unser Menschsein ist.

Dabei wird auf die Bibel Bezug genommen:
1. auf die Schöpfungsgeschichte, die berichtet, dass der Mensch als Mann und Frau, also als Beziehungswesen erschaffen wurde
2. auf die Gebote, in denen es um das Zusammenleben in der Beziehung geht – sowohl zwischen Menschen als auch zwischen Gott und Mensch
3. auf Versöhnung: Versöhnung beschreibt ein heilendes Beziehungsgeschehen

Der christliche Glaube stiftet, erhält, gestaltet und erneuert Beziehungen. Ziel ist es, die Beziehungen, in denen wir leben, als Gabe und Möglichkeit zu entdecken und (heilsam) zu gestalten.

Teilnehmerinnen, Teilnehmer und alle Mitarbeitenden tragen während der Veranstaltungen ein Namensschild. Entsprechend werden die Bierdeckel als Namensschild, die Befestigungs-Clips und Stifte den Ankommenden entweder im Eingangsbereich des Veranstaltungsortes oder aber in den Tischgruppen ausgehändigt.

Didaktisches Raster

Arbeitsschritt	Inhalt	Sozialform	Material	Zeit
1.Begrüßung u. Einstieg	Begrüßung u. Einführung in Gesamtkonzept Vorstellung Team/Referent	Plenum	Bierdeckel, Clip, Stifte PPT spürBuch mit Stift	10 Min
2.Impuls	Der Mensch ist ein Beziehungs-wesen. Darin ist er Gottes Ebenbild. Wir existieren in vielen Beziehungssystemen.	Plenum	PPT: Themen-folie spürBuch Spiegelkarte	10 Min
3. Übung	Erstellen und Bearbeiten einer „Beziehungslandkarte" Gespräch über die Erkennt-nisse beim Ausfüllen der „Beziehungskarte"	Einzelarbeit Tischgruppen	Beziehungs-landkarte spürBuch	30 Min (15) Min
4. Impuls	Was bedeutet es, als Christ in Beziehungen zu leben? Für die Konkretisierung gibt es drei Kriterien: • Wert und Würde • Gute Worte • Achtsam handeln	Plenum	FlipChart (Sprech-zeichnen) Alternativ PPT	10 Min
5. Bibelgespräch	Mk 2, 1–12 Fünf Leitfragen	Tischgruppen	spürBuch	30 Min
6. Impuls	Gedanken zu Mk 2, 1–12	Plenum		5 Min
7. Übung	Folgerungen aus Beziehungslandkarte Dankkarte schreiben	Einzelarbeit	Beziehungs-landkarte spürBuch Dankkarte (Briefmarken)	13 Min
8. Abschluss	Gebet, Lied Verabschiedung	Plenum	spürBuch EG, PPT: Einla-dung Folge 2	2 Min

110 Min

1. Begrüßung und Einstieg (10 Min)

PPT 101 oder 102

PPT 111 oder alternativ 103 bis 110 einzeln

Ich heiße Sie ganz herzlich willkommen zu „spürbar: glauben. leben." Schön, dass Sie da sind und sich die Zeit nehmen. An acht Abenden wollen wir darüber nachdenken und ins Gespräch kommen, wie der christliche Glaube das Leben und den Alltag der Menschen prägen kann.

Die Themen kennen Sie ja bereits vom Einladungsflyer.

PPT 112 bis 116 für die Begriffe des Logos

 Hinweise darauf, was der Anlass für diesen Nachfolgekurs war.

PPT 117 bis 121 für die verschiedenen Phasen

 Besonderheiten, Durchführungsweise, Zeitrahmen etc. werden erläutert.

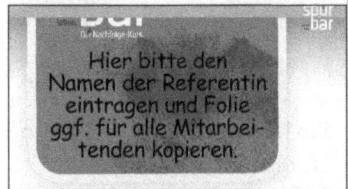

PPT 122 bitte individualisieren.

 Referent/Referentin stellt sich und das Team vor. Tragen Sie bitte Ihren Namen dort ein.

PPT 123 bis 128

 Das spürPaket wird als „wachsendes" Teilnehmermaterial für die acht Folgen eingeführt.

 Die spürBücher sowie die Stifte werden in den Tischgruppen ausgegeben und kurz erklärt (Befestigung des Bleistiftes, Innentasche).

2. Impuls (10 Min)

Das Thema des heutigen Abends ist: beziehungsweise – wer gehört zu mir?

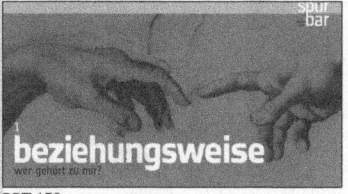

PPT 130

Sehen Sie sich folgende Karikatur an. Die Frau erarbeitet sich ein Kreuzworträtsel. Sie fragt ihren Mann: „Weltmacht mit drei Buchstaben?" Er antwortet sofort – nein, nicht USA, sondern:

PPT 131

„I-C-H" – Ich!

So leben wir manchmal. Nach dem Motto: Ich bin der Mittelpunkt des Universums, und alles dreht sich um mich. Sind andere überhaupt wichtig? Wäre nicht manches viel einfacher, wenn es die anderen nicht gäbe?

Weltmacht mit drei Buchstaben: ICH! – Und dann am Ende steht das ICH ganz allein, weil alles andere nur für MICH da sein musste?

PPT 132

Man gewinnt den Eindruck, dass einige Menschen genauso leben, z. B. wenn sie mit dem Computer verheiratet zu sein scheinen. Mit Bits und Bytes unterwegs, eine Welt – von mir geschaffen oder mitgestaltet. Keine Zeit mehr zum Essen, zum Einkaufen, einen Plausch mit dem Nachbarn. „Muss nur noch schnell die Welt retten," singt Tim Bendzko und beschreibt dabei jemanden, der seine Beziehungen zu verlieren droht, weil die virtuelle Welt immer bestimmender wird.

Weltmacht mit drei Buchstaben: Ich! – Unsere Urerfahrung ist allerdings eine andere. Der griechische Philosoph Aristoteles hat den Menschen als „soziales Lebewesen" *(Zoon Politikon)* bezeichnet. Er hat gesagt: Genau das macht den Menschen aus, dass er in Beziehung zu anderen lebt. Wir merken das selbst: Wenn Sie „Ich" sagen, dann hat das überhaupt nur einen Sinn, wenn es auch ein „Du" gibt. Wer ich überhaupt bin, ist nur in Beziehung zu einem Du zu beschreiben. Ich bin anders, eben ich, weil es auch das Du gibt, das auch anders ist. Ich bin groß, du bist klein, ich bin schön, du bist noch schöner.

PPT 133

Auch das jüdisch-christliche Menschenbild sieht den Menschen nicht losgelöst von den anderen Menschen – so ganz allein, sondern immer in Beziehung.

In Ihrem spürBuch finden Sie ein Bild mit einem aus Streichhölzern gelegten ME – das ist umgangssprachliches Englisch für Ich. Wenn Sie jetzt die Spiegelkarte oben über das ME stellen, erscheint im Spiegel ein WE – für Wir.

spürBuch S. 10

Dieses könnte auch direkt mit Streichhölzern gelegt werden. Wenn man dann das Streichholz ganz links hochhebt und genauso wieder als viertes Streichholz hinlegt, wird aus dem ME ein WE.

Der Beziehungsaspekt wird auch darin deutlich, wie in der Bibel die Entstehung der Welt beschrieben wird. Die biblischen Schöpfungsberichte sind keine naturwissenschaftlichen Berichte, sondern wollen theologisch erzählen, was die Welt und das Leben ausmacht.

Die Grundaussage dieser Erzählungen lautet: Von Gott kommt alles her, er hat alles erschaffen.

PPT 134

PPT 135

Wenn wir Christen von Gott reden, dann reden wir von einem dreieinigen Gott. Vater – Sohn – Heiliger Geist. Ein Gott und doch drei. Das ist der Versuch, etwas zu beschreiben, was wir eigentlich mit unserem Denken gar nicht beschreiben können. Darum bleiben die Worte und Erklärungsversuche immer hinter dem zurück, wie Gott wirklich ist. Wenn wir später einmal bei Gott sein werden, dann werden wir es erst richtig verstehen können – das hoffe ich zumindest. Aber etwas anderes soll damit ausgedrückt werden: Gott ist in sich selbst schon immer Beziehung. Gott ist in sich selbst schon immer Gespräch. Gott ist in sich selbst nicht allein. Er ist Vater, Sohn und Heiliger Geist.

Und so erschafft er auch den Menschen. Im ersten Kapitel der Bibel heißt es: „Gott schuf den Menschen zu seinem Bilde, zum Bilde Gottes schuf er ihn; und schuf sie als Mann und Frau." (Gen 1, 27).

PPT 136

Gott schuf **den** Menschen – und schuf **sie** als Mann und Frau. Schon von Beginn an ist der Mensch ein Beziehungswesen – und das gleich in zwei Richtungen.

PPT 137

Der Mensch ist angelegt auf eine Beziehung mit Gott, seinem Schöpfer. Sein Bild, sein Gegenüber.

Und der Mensch ist von Anfang an nicht allein gedacht, sondern auf Beziehung zu anderen Menschen hin erschaffen. „Gott schuf den Menschen und schuf sie als Mann und Frau."

Vielleicht haben Sie ja auch den zweiten Schöpfungsbericht im Kopf, wo davon erzählt wird, wie Gott den Mann aus einem Lehmklumpen formt, ihm den Lebensodem einbläst und dann feststellt: „Es ist nicht gut, dass der Mensch allein sei, ich will ihm eine Partnerin machen, die um ihn sei." (Gen 2, 18). Dann schläft der Mann im Paradies ein, und aus einer seiner Rippen bildet Gott die Frau.

Die Kernaussage ist wieder dieselbe: Nur in Gemeinschaft ist der Mensch vollständig. Beziehungen, Austausch, Gespräch – all das gehört zum Menschsein unbedingt dazu.

Und so gibt es von Anfang an ganz unterschiedliche Beziehungssysteme, in denen wir stecken.

Vorgegebene Beziehungen: Viele Beziehungen, in denen wir stehen, haben wir uns nicht ausgesucht, z.B. unsere Eltern, Geschwister, Großeltern. Leibliche oder auch „zugewachsene": Stiefmutter, Stiefvater, Halb-Geschwister. Vielleicht sind das hervorragende Beziehungen, vielleicht aber auch schwierige. Auch das gibt es ja, dass Geschwister gar nicht mehr miteinander reden – aber selbst dann stand am Anfang eine Beziehung.

PPT 138

Ausgesuchte Beziehungen: Dann gibt es Beziehungen, die suchen wir uns selber aus. Natürlich unsere Liebesbeziehung – mit dem Mann, der Frau, mit der ich mein Leben teile wie mit niemandem sonst. Aber genauso wähle ich die Freundschaften, die ich knüpfe. Meine Geschwister kann ich mir nicht aussuchen, meine Freunde schon. Allerdings: Meine Eltern und Geschwister, aber auch meine Kinder bleiben meine Eltern und Geschwister und Kinder. Die Beziehung zu meinen Freunden kann sich verändern. Wenn ich an mein Leben denke, dann waren oftmals die Freunde die viel intimeren Gesprächspartner, aber in meiner Schulzeit waren es andere als in meiner Studienzeit, und jetzt sind es wieder andere. Meine Geschwister sind noch immer dieselben.

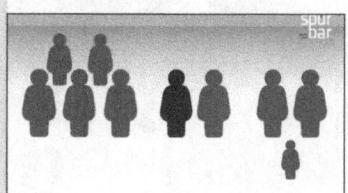
PPT 139

PPT 140

Alltags-Beziehungen: Dann gibt es die Menschen, denen ich in meinem Alltag begegne: Arbeitskollegen, Sportsfreunde, Nachbarn, oder auch kurze Bekanntschaften auf Partys oder im Urlaub. Menschen, mit denen ich mehr oder weniger Berührungspunkte habe, mit denen ich mehr oder weniger zu tun habe, die manchmal auch zu Freunden werden, manchmal aber auch zu Feinden. Manche Nachbarschaft erinnert ja mehr an Krieg als an friedliches Zusammenleben.

PPT 141

Virtuelle Beziehungen: Und last but not least gibt es heute ja auch eine ganze Reihe von Beziehungen mit Menschen, denen ich vielleicht nie begegnet bin. Seit dem Siegeszug des Internets und den sogenannten Social-Media wie Facebook und Twitter treffe ich auf einmal Menschen wieder, denen ich vielleicht lange nicht mehr begegnet bin. Anderen bin ich noch nie begegnet. Ich weiß noch nicht einmal, ob der Name stimmt. Kinder bewegen sich im Internet noch viel selbstverständlicher als Erwachsene. Ein Junge berichtete, er habe gerade mit vier anderen Menschen ein Team gebildet und eine Challenge (eine Aufgabe) gelöst. Einer von den Vieren wohnt in Israel, einer in Kanada und ein anderer auch in Deutschland. Sie haben sich für ein Spiel im Internet getroffen.

3. Übung: Beziehungslandkarte (30 Min)

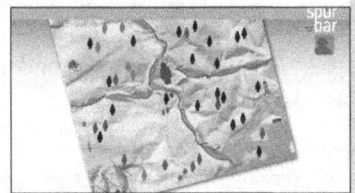

PPT 142

Eine Legende findet sich im spürBuch S. 11

Beziehungslandkarte austeilen und bearbeiten lassen/Einzelarbeit (15 Min)

Wir möchten Sie einladen, eine Landkarte mit Ihrem Beziehungsgefüge zu erstellen, jeder für sich allein. Welche Menschen gehören mehr oder weniger eng zu Ihrem Leben, zu Ihnen? Wenn Sie möchten, dann notieren Sie Namen auf den freien Linien und verbinden die Gruppen mit Ihrer Person. Bilden Sie sogenannte Beziehungslinien.

Sie können auch die Intensität und Qualität der Beziehungen kenntlich machen. Die Symbole dazu finden Sie auf Ihrer Beziehungslandkarte und im spürBuch. Sie haben dafür 15 Minuten Zeit.

Dieses Blatt ist nur für Sie bestimmt. Es dient zwar als Grundlage für das anschließende Gespräch, Sie müssen es aber niemandem zeigen.

Arbeit in Tischgruppen (15 Min)

In den Gesprächsgruppen kann über folgende Frage-stellungen gesprochen werden:

- Was ist Ihnen beim Ausfüllen der Karte aufgefallen?
- Sind Ihnen Menschen eingefallen, an die Sie noch gar nicht gedacht haben? Gibt es Beziehungen, die Sie überraschen?
- Gibt es Kontakte, die Sie intensivieren oder wieder neu auf-nehmen möchten?
- Welche Beziehungen brauchen Klärungen?

Fragen im spürBuch S. 11

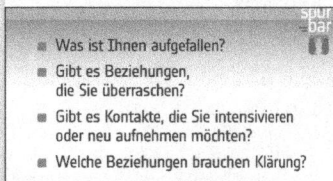

- Was ist Ihnen aufgefallen?
- Gibt es Beziehungen, die Sie überraschen?
- Gibt es Kontakte, die Sie intensivieren oder neu aufnehmen möchten?
- Welche Beziehungen brauchen Klärung?

alternativ PPT 143

4. Impuls (10 Min)

Für diesen Impuls empfehlen wir eine visuelle Unter-stützung durch ein das Reden begleitendes Zeichnen auf drei FlipChart-Bögen.

Was wir eben in Bezug auf das Beziehungsgefüge bedacht haben, das gilt für jeden Menschen gleich. Gott hat sich das so gedacht: Der Mensch lebt in Beziehungen. Das ist sozusagen schöpfungs-gemäß so eingerichtet.

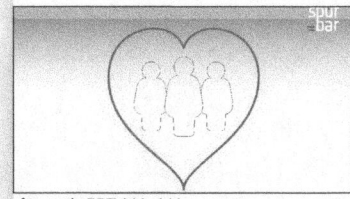

alternativ PPT 144–146

Es soll jetzt darum gehen, was es denn bedeutet, dass ein Mensch als Christ in diesen Beziehungen lebt. Man kann natürlich direkt nachfragen: Warum sollte sich dadurch etwas ändern? Die Ant-wort ist: ganz einfach deshalb, weil bei Christen das ganze Leben und damit auch alle Beziehungen vom Glauben an Jesus Christus mitgeprägt werden.

An einem einfachen Vergleich kann man das deutlich machen. Wie ist das, wenn man verliebt ist?

Für das Herz einen roten Stift verwenden.

Die ganze Welt sieht anders aus. Die Sonne scheint morgens heller, die Kollegen sind netter, der Chef ist nicht mehr so schlimm. Die Qualität aller Beziehungen verändert sich. Der christliche Glaube ist eine Liebesbeziehung zu Jesus Christus und wirkt sich verändernd auf alle Beziehungen aus. Wer Jesus vertraut, orientiert sich auch in der Gestaltung seiner Beziehungen an ihm.

Als Jesus gefragt wurde, welches von all den Geboten und Lebensrichtlinien das Wichtigste ist, antwortete er mit einem doppelten bzw. dreifachen Beziehungsgebot:

„Du sollst Gott lieben und deinen Nächsten wie dich selbst." (Lk 10, 27).

Immer wieder begegnet es uns in der Bibel, dass Liebe als zentraler Begriff für das Verhältnis der Menschen untereinander benannt wird. Daran soll man die Christen erkennen, dass sie liebevoll miteinander umgehen. Das ist nicht immer einfach.

Man könnte sagen, dass es drei Kategorien von Menschen gibt:
- diejenigen, die ich lieb habe
- diejenigen, bei denen ich mich bemühe, sie lieb zu haben
- und diejenigen, von denen wir sagen:
  Die muss Gott lieb haben!

Dennoch mutet Jesus es uns zu, uns im Blick auf alle drei Kategorien um Liebe zu bemühen. Ja, selbst die Feindesliebe[14] gehört dazu. Liebe meint dabei nicht immer ein inniges Gefühl oder unter-
würfige Nachsichtigkeit. Liebe kann sich auch in klaren Grenz-
setzungen zeigen. Jeder, der Kinder erzogen hat oder erzieht,
weiß das. Die antiautoritäre Erziehung hat sich genauso wenig
bewährt wie die autoritäre. Zur Liebe gehört die Grenze dazu.
Aber im Fokus dabei steht das Wohl des anderen. Deshalb ist Liebe auch immer etwas ganz Praktisches. Wer liebt, hat das Wohl
des anderen im Blick.[15]

---

14 Vgl. Mt 5,44.
15 Vgl. Joh 15,13.

Wer Christ ist, kann erleben, dass er von Gott bedingungslos geliebt und angenommen wird. Als Christ weiß ich, dass ich nicht perfekt bin, aber dass Gott mich ganz und unvoreingenommen als sein Kind annimmt. Ich darf mit dieser unbedingten und vorurteilsfreien Liebe Gottes leben und mein Leben gestalten. Und weil ich mit dieser Liebesbeziehung Gottes beschenkt bin, geht es darum, dass ich auch in meine Beziehungen zu anderen Menschen etwas von dieser einen, besonderen Beziehung hineinlege.[16]

Wie kann das konkret aussehen? Ich möchte dazu drei Kriterien nennen, die uns als Christen an die Hand gegeben werden. Es sind Kriterien, keine Anweisungen. Das Leben ist ja so bunt und vielfältig, dass es nicht in einfachen Anweisungen gefasst werden kann. Genau darum sagt Jesus nicht: Jeder muss es genau so oder so machen. Vielmehr zeigt Jesus auf, in welche Richtung es geht und wie wir Entscheidungen für unser Handeln treffen können.[17]

4.1. Kriterium: Wert und Würde

alternativ PPT 147

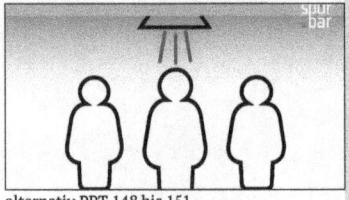

alternativ PPT 148 bis 151

---

16 Vgl. Joh 13,34f.
17 Darum wird es auch im Blick auf andere Themenbereiche in der dritten Einheit "gewissenhaft – entscheiden und handeln" gehen.

Christen glauben, dass jeder Mensch seinen Wert und seine Würde von Gott empfängt – unabhängig von seinem Können oder Nicht-Können, unabhängig von seinem Tun oder Nicht-Tun, auch unabhängig von seinem Glauben.[18]

Das prägt meinen Umgang mit anderen und mein Reden über andere.

Das gilt auch dann, wenn Menschen anders sind oder leben als ich. Das heißt nicht, dass ich alles richtig finde, was andere machen oder wie sie leben. Aber als Menschen haben sie ihren Wert und ihre Würde von Gott.

---

18 Das machen die Schöpfungsberichte deutlich, aber ebenso das Neue Testament (vgl. Kol 3,11; Gal 3,28).

Ich habe das für mich selbst einmal sehr persönlich erfahren:
Ich war eingeladen, einen Glaubenskurs in einer Justizvollzugs-
anstalt zu halten. Die richtig harten Jungs waren da. Viele Le-
benslängliche, manche mit Sicherheitsverwahrung. Und jetzt ließen sie sich auf einen Glaubenskurs ein. Ich habe gemerkt, wie
ich mir ganz bewusst machen musste: Auch diese Schwerverbre-
cher haben ihren Wert und ihre Würde als Menschen von Gott. Ob
er ihnen die Schuld vergibt – ob sie sie überhaupt wirklich bereu-
en? Das liegt nicht in meiner Hand. Aber ich kann ihnen als Menschen begegnen – auch wenn ich noch einmal innerlich zusam-
mengezuckt bin, als mir einer beim Agape-Mahl zuflüsterte: „Der
da hat zwei Menschen umgebracht!"

alternativ PPT 153 bis 157

4.2. Kriterium: gute Worte

Unser Kontakt mit anderen geschieht vor allem durch Kommuni-
kation, über das Miteinander-Reden. Von den zehn Geboten, die
uns das Zusammenleben ermöglichen wollen, beschäftigen sich
zwei ausdrücklich mit unserem Reden.

In einem Gebot heißt es: „Du sollst den Namen des Herrn, deines Gottes, nicht missbrauchen."[19] Wie wir über Gott reden und
was wir von Gott sagen, wirkt sich auf unseren Glauben aus.

---

19   Ex 20,7; Dtn 5,11.

Wenn Gottes Name benutzt wird, um Kriege, Gewalt und Terrorakte zu rechtfertigen, dann wird sein Name missbraucht, weil er ein Gott der Liebe ist.

In einem anderen Gebot heißt es: „Du sollst kein falsch Zeugnis reden wider deinen Nächsten."[20] So haben Sie es vielleicht gelernt. Vielleicht einfacher ausgedrückt: „Du sollst nichts Falsches über andere Menschen reden." Nimmt man dieses Gebot ernst, dann meint es Tratsch und üble Nachrede. Wir wissen ja: Selbst wenn der Inhalt völlig falsch war, irgendwas bleibt immer von dem hängen, das gesagt wurde. Martin Luther hat übrigens in seinem Kleinen Katechismus zu diesem Gebot gesagt, dass es ebenso bedeutet: Gutes von anderen zu reden und alles zum Besten zu kehren.

Es lohnt sich, bewusst darauf zu achten, was und wie wir miteinander und übereinander reden. Sie kennen vielleicht die Aktion „Sieben-Wochen-ohne", die empfiehlt, in der Passionszeit, der Zeit vor Ostern, auf irgendetwas zu verzichten. Eine junge Freundin erzählte, sie habe sich vorgenommen, sieben Wochen ohne Lästern über andere auszukommen. Das sei ihr echt schwer gefallen.

---

20   Ex 20,16; Dtn 5,20.

4.3. Kriterium: achtsam handeln

Das dritte Kriterium ist, dass wir uns bewusst sind, dass sich unser Handeln immer auf andere auswirkt.

Die Gebote: „Du sollst nicht töten", „Du sollst nicht ehebrechen", „Du sollst nicht stehlen"[21] beziehen sich gerade darauf. Wir sollen so miteinander umgehen, dass wir einander nicht nur nicht stören und zerstören, sondern vor allem hilfreich und aufbauend sind. Jesus hat die Gebote weiter zugespitzt. Das Gebot „Du sollst nicht töten" deutete er dabei so, dass wir dort, wo wir einen Menschen schon mit unseren Worten hinrichten, gegen dieses Gebot verstoßen[22]. Ebenso übertreten wir das Gebot „Du sollst nicht ehebrechen" schon dann, wenn wir in unserem Denken und Begehren unseren Partner/unsere Partnerin gegenüber anderen zurücksetzen[23].

Kann man das? Nie ein böses Wort sagen, nie jemand anderen begehren?

Jesus möchte, dass wir in unserem Handeln eine bestimmte Ausrichtung haben: die Ausrichtung, liebevoll zu handeln und damit zu fragen: was tut gut – dem anderen, mir selbst und uns allen? Was tut gut?

---

21 Ex 20,13–15; Dtn 5,17–19.
22 Mt 5,21ff.
23 Mt 5,27ff.

Dazu finden wir in der Bergpredigt von Jesus die „goldene" Regel, mithilfe derer wir unsere Beziehungen gestalten sollen: „Genau so, wie ihr behandelt werden wollt, behandelt auch die anderen!"[24]

5. Bibelgespräch zu Markus 2,1–12 (30 Min)

Ich möchte Sie einladen, einen Bibeltext miteinander zu betrachten. Es ist ein Text voller Beziehungen. Es geht sowohl um die Beziehung zwischen Gott und Mensch als auch um die Beziehungen zwischen ganz unterschiedlichen Menschen. Freundschaft, Reserviertheit, Unverständnis, Erstaunen, Entsetzen – all das kommt vor.

Ich möchte Sie bitten, bei diesem Text besonders auf folgende Beziehungen zu achten:

- Wie ist die Beziehung der Menschen zu Gott?
- Wie ist die Beziehung Jesu zu den Menschen?
- Wie ist die Beziehung der Menschen zueinander?
- Gibt es Punkte, an denen Sie sich mit den handelnden Personen identifizieren?
- Was hätten Sie gedacht? Was hätten Sie getan?

 Betrachten Sie den Text zunächst für sich selbst (ca. 7 Minuten). Was fällt Ihnen – besonders zu den fünf Fragerichtungen – auf?

 Sprechen Sie anschließend in einer kleinen Gruppe (ca. 23 Minuten) über Ihre Entdeckungen und Fragen. Was kann aus diesem Bibeltext für mein Beziehungsgefüge wichtig werden?

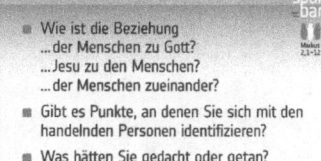

PPT 159

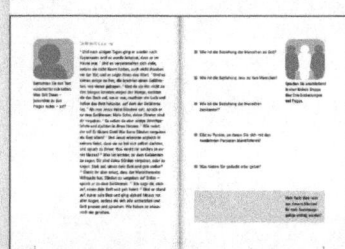

spürBuch S. 12/13

---

24 Mt 7,12.

6. Impuls (5 Min)

Ich möchte gerne zwei Punkte benennen, die mir an diesem Text besonders gefallen.

6.1. Erstens: Die Not steckt manchmal tiefer

Ein Mensch wird zu Jesus gebracht, der in Not ist. Er ist gelähmt. Aber ist das seine eigentliche Notlage? Von außen diagnostizieren wir manchmal ganz schnell, was einem anderen fehlt. Aber manchmal steckt die eigentliche Not tiefer. Viele Menschen mit Behinderungen verstehen sich keineswegs als „nicht vollständig", sie sind einfach so. Das, was die Not ausmacht, ist häufig nicht die Behinderung, sondern sind die Folgen davon: nicht am Leben teilnehmen zu können, überall Barrieren und Hindernisse zu erleben und von Menschen gemieden oder sonderbar behandelt zu werden.

Jesus sieht tiefer und sagt: „Mein Sohn!" – „Mein Kind!" Das ist eine Beziehungsaussage. Denn mein Kind gehört zu mir! Und wenn wir jetzt bedenken: Mit Jesus ist Gott da, dann heißt das: Du bist Gottes Kind. Diese Aussage ist umso gewichtiger, wenn wir den historischen Kontext bedenken: Damals dachte man, wenn ein Kind mit Behinderungen geboren wird, dann haben die Eltern irgendeine Schuld auf sich geladen. Also wurden diese Kinder gemieden und als Erwachsene an den Rand der Gesellschaft, um es genau zu sagen, zum Betteln an die Straße gedrängt.

Es ist gar nicht so lange her, da wurden auch noch bei uns behinderte Kinder möglichst versteckt. Das war ein Makel, normale Beziehungen waren nicht möglich.

Wir tun das leicht: andere Menschen auf ihre Defizite und Fehler zu reduzieren.

Jesus sagt zu diesem Mann: Mein Sohn! – Mein Kind! Du gehörst zu mir. Und dir sind deine Sünden vergeben! Das heißt: Da steht nichts zwischen dir und einem erfüllten, guten Leben, weil Gott dich so liebt, wie du bist.

6.2. Zweitens: Gute Freunde sind Gold wert

Haben Sie die vier Freunde bemerkt? Sie scheinen zuerst Nebenfiguren zu sein, bleiben ganz im Hintergrund. Dabei sind sie zentral wichtig. Ohne sie wäre der Gelähmte gar nicht erst zu Jesus gekommen. Ohne sie wäre er nicht aufs Dach gekommen, wäre das Dach nicht aufgedeckt worden, wäre er nicht heil nach unten gekommen. Die Freunde sind zentral wichtig, gerade weil sie im Hintergrund bleiben. Sie wissen: Jetzt geht es nicht um uns, sondern um unseren Freund. Oder war es der Bruder, der Verwandte, der Kollege? Egal.

Es heißt dann: „Als Jesus **ihren** Glauben sah, sagte er zu dem Gelähmten ...".

„Als Jesus ihren Glauben sah ..." Der Glaube der Freunde glaubt für den gelähmten Freund mit.

 **Für die Referenten/Referentinnen: Bitte formulieren Sie, so möglich, ein persönliches Beispiel!**

Ich erinnere mich noch gut: Es war so eine Phase, in der mir Vieles zu viel wurde. Die Kinder waren noch klein und süß, aber anstrengend, beruflich wurde ich äußerst gefordert. Meinen eigenen Ansprüchen gerecht zu werden – als Ehemann, als Vater, als Pastor, als Was-weiß-ich-noch-alles, und auch den Ansprüchen anderer, das fiel mir richtig schwer. Da klingelte das Telefon. Ein Kollege war dran. Er sagte: „Heute Morgen im Gebet bist du mir wichtig geworden, als ich für dich gebetet habe. Deshalb rufe ich an, um zu fragen: Wie geht es dir?" – Und schon ging es mir besser, brach das, was mich lähmte, auf.

Gute Freunde sind Gold wert, nein, wertvoller als Gold.

spürBuch S. 14/15

7. Übung: Folgerungen (13 Min)

Ich möchte Sie einladen, sich noch einmal Ihre Beziehungsland-karte vorzunehmen und zu überlegen:

Welche Person oder Personen sind mir schon einmal wirklich gute Freunde gewesen und haben mir geholfen, dass mir Gutes zugekommen ist? Habe ich ihnen gedankt? Oder sollte ich ihnen einmal meine Wertschätzung ausdrücken?

 Eine entsprechende Seite hierzu finden Sie in Ihrem spürBuch!

 Und eine Danke-Karte im spürPaket!

■ Danken Sie doch einmal einer Person, die für Sie besonders wichtig (gewesen) ist, mit einer Karte.

■ Tun Sie jemandem etwas Gutes. Vielleicht schenken Sie Zeit statt Zeug (www.zeit-statt-zeug.de).

■ Welche Person oder Personen brauchen Hilfe? Kann ich ihnen helfen, ihnen Gutes tun, vielleicht sie (im übertragenen Sinn) zu Christus tragen? Was nehme ich mir vor?

■ An welchen Beziehungen möchte ich arbeiten, dass sie sich zum Guten verändern?

 Vielleicht hat der Referent sogar Briefmarken dabei? Das wäre ein besonders wertschätzender Service.

8. Abschluss (2 Min)

Beziehungsweise – in Beziehungen leben. Das war unser Thema heute Abend.

Ich weiß nicht, was Sie gerade entdeckt haben. Aber ich wünsche Ihnen, dass Sie das eine oder andere umsetzen können und Menschen begegnen, die Ihnen hilfreich zur Seite stehen. Fangen Sie doch einfach bei einer Beziehung an, etwas zu investieren, etwas umzusetzen von dem, was Sie gerade überlegt haben.

Wir haben heute eine wunderbare Botschaft gehört: Jeder Mensch, dem ich begegne, ist eine Gabe Gottes an mich. Manchmal eine Aufgabe. Aber auch das ist eine Gabe.

Und: Für jeden Menschen, der mir begegnet, bin ich eine Gabe Gottes – und manchmal eben auch eine Aufgabe.

Was kann uns Besseres passieren als Beziehungen? Mit Gott und mit anderen.

Zum Abschluss

Ps 63 im Wechsel beten.
Lied: Gut, dass wir einander haben, Manfred Siebald.

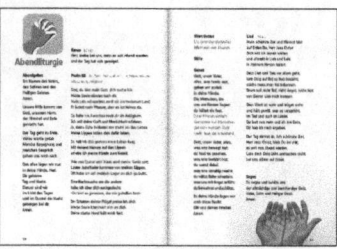

Abendliturgie im spürBuch S. 100/101

Einladung zu Folge 2:

arbeitsam – im Schweiße meines Angesichts.

Die Teilnehmerinnen und Teilnehmer werden gebeten, sich als Einstimmung auf die Folge 2 „arbeitsam" eine typische Handbewegung für ihre bezahlte, ehrenamtliche oder häusliche Arbeit zu überlegen.

PPT 161

Hier kann auch ein Hinweis auf den Fragebogen im spürBuch S. 32/33 gegeben werden.

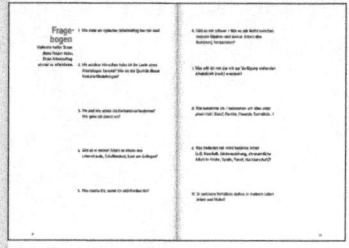

Fragebogen im spürBuch S. 32/33

Folge 2: arbeitsam
im Schweiße meines Angesichts

Inhalt und Ziele

Folge 2 „arbeitsam" soll

- zur Reflexion der eigenen Arbeitswelt (Broterwerb; Ehrenamt; Hausarbeit; Konflikte u. Ä.) anleiten und eigene Entscheidungen bewusst machen
- biblische und theologische Aspekte des Lebensbereichs „Arbeit" bekannt machen
- Auswirkungen des Glaubens auf die Art und Weise meines Arbeitens erspüren helfen und im Gespräch vertiefen
- praktische Hilfestellung geben.

Didaktisches Raster

Arbeitsschritt	Inhalt	Sozialform	Material	Zeit
0. Vorprogramm	Slideshow „Arbeit"	Plenum	PPT	5 Min
1. Begrüßung u. Einstiegsimpuls	Annäherungen ans Thema	Plenum	PPT: Themenfolie	5 Min
2. Thesen mit Meinungsbild	Provokationen zu „Arbeit". Dynamik des Themas	Plenum	PPT Daumen-Karte	5 Min
3. Die persönliche Dimension zur Sprache bringen	Typische Handbewegung Austausch zu vorgegebenen Fragen	Tischgruppen	PPT spürBuch	20 Min
4. Impuls	Biblische und andere Aspekte	Plenum Alternative: Bodenbild	PPT spürBuch Diverse Materialien	15 Min
5. Arbeit an Bibeltexten Ergebnissicherung	Biblische Texte/Impulse These/Frage/Anregung fürs Plenum	Tischgruppen	spürBuch Bierdeckel, Stifte	25 Min
6. Präsentation und Auswertung	Moderierte Präsentation Klärung offener Fragen	Plenum	Moderationswand	15 Min
7. Fazit- Runde	„Was wird mir von diesem Abend morgen noch in Erinnerung sein?" Ausgabe spürSache	Einzelarbeit Plenum	spürBuch Lentikular-Karte „Arbeiten/Beten"	10 Min
8. Abschluss	Lied Gebet Einladung		spürBuch EG Fragebogen PPT: Einladung Folge 3	10 Min
				105 Min

PPT 201 bis 221

0. Vorprogramm: Slideshow „Arbeit"

Alternativ zur PPT finden Sie im spürArchiv auch einen Videoclip „spuerbar2arbeit", den Sie als Endlosschleife abspielen können, bis der Abend offiziell beginnt.

PPT 222

1. Begrüßung und Einstiegsimpuls (5 Min)

Herzlich willkommen zum heutigen Abend von „spürbar". Diese 2. Folge ist überschrieben mit **„arbeitsam – im Schweiße meines Angesichts"**.

Arbeit bestimmt unseren Alltag. Wir gehen zur Arbeit (in manchen Gegenden auch „auf Arbeit"). Arbeit hat einen hohen Stellenwert in unserem Leben. Vieles kreist in Gedanken und Gesprächen um dieses Thema. Auch arbeitslose und arbeitsuchende Menschen haben *Arbeit* im Sinn. Arbeit hilft, dass Menschen ihrem Leben einen Sinn geben können. Wer arbeitet, übernimmt Verantwortung für sich, für die Umgebung und Gesellschaft – im weiteren Sinn auch für die Schöpfung. Problematisch kann es werden, wenn der Mensch sich ausschließlich über seine Arbeit definiert. Man fühlt sich dann wertlos, überflüssig und sinnleer, wenn man keine (bezahlte) Arbeit hat oder finden kann.

Eine kurze Definition, um einer Verengung vorzubeugen. Arbeit, wie wir sie in dieser Einheit im Blick haben, soll zum einen verstanden werden als der Teil der Lebenszeit, der aufgewendet wird, um den Lebenserhalt und den Lebensunterhalt zu sichern. Dies geschieht durch Erwerbs-, Haus-, und Erziehungsarbeit. (Damit diese Definition nicht an den Zuhörern vorbeigeht, kann sie anhand konkreter Beispiele bebildert werden. Kleine Geschichten helfen dabei, z.B. von einer Frau an der Supermarktkasse, dem Vater, der mit seinem Sohn die Hausaufgaben macht, die Seniorin, die das Mittagessen kocht usw.)

Arbeit ist aber mehr als Sicherung von Lebenserhalt – unabhängig von der Bezahlung. Arbeit hat einen eigenen Wert. Arbeit gibt dem Leben Sinn.

2. Thesen mit Meinungsbild zu „Arbeit" (5 Min)

 Teilnehmerinnen und Teilnehmer geben mit der Daumenkarte (Daumen rauf – Daumen runter) ein Stimmungsbild zu den folgenden Thesen ab.

PPT 223 bis 233

 Evtl. Kommentierung durch Referentin/Referenten nach dem Durchgang.

- Eine 40-Stunden-Woche ist absolut zumutbar.
- Eine 50-Stunden-Woche ist absolut zumutbar.
- Eine 60-Stunden-Woche ist absolut zumutbar.
- Arbeit muss Spaß machen.
- Glaube hat bei der Arbeit nichts zu suchen.
- Tratsch bei der Arbeit ist Mobbing.
- Chefs sind tolle Leute.
- Zu der Chefin muss man immer höflich sein …
- Das bisschen Haushalt ist doch kein Problem …
- Nur im Ehrenamt kann man tun, was man wirklich will.

3. Gespräche an Tischen (20 Min)

3.1. Einstieg (10 Min)

Wir haben Sie bei der Verabschiedung am Ende des letzten Abends ja bereits gebeten, sich zu überlegen, welche typische Handbewegung es für Ihre Arbeit gibt. Wie gesagt, mit Arbeit meinen wir alles: ehrenamtliche Arbeit, bezahlte Tätigkeiten, aber auch Hausarbeit oder die Pflege von Angehörigen. Der Beruf einer Flugbegleiterin ist relativ einfach zu erraten.

PPT 235

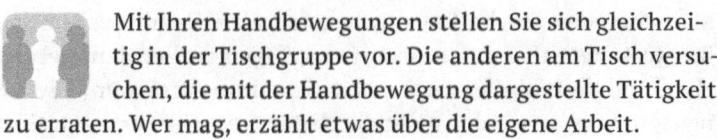 Mit Ihren Handbewegungen stellen Sie sich gleichzeitig in der Tischgruppe vor. Die anderen am Tisch versuchen, die mit der Handbewegung dargestellte Tätigkeit zu erraten. Wer mag, erzählt etwas über die eigene Arbeit.

Was ich an
meiner Arbeit mag...

PPT 237 bis 239

spürBuch S. 18

3.2. Machen Sie sich bitte einmal kurz Gedanken:

- Was ich an meiner Arbeit mag ...
- Was ich an meiner Arbeit hasse ...
- Wie passt mein Arbeitsalltag mit meinem Glauben zusammen?

Und erzählen Sie einander in kurzen Statements davon (10 Min)!

4. Impuls: Biblische und andere Aspekte zum Thema „Arbeit" (15 Min)

Ich stelle Ihnen jetzt einige Aspekte zum Thema aus der Bibel, von Luther und aus der heutigen Zeit vor.

4.1. Altes Testament

PPT 241

4.1.1. Bebauen und bewahren

Das Thema „Mensch und Arbeit" wird gleich in den ersten Kapiteln der Bibel, den Schöpfungsgeschichten, behandelt: Wir Menschen werden aufgefordert, uns die Erde untertan zu machen. Der Mensch bekommt im Paradies die Anweisung, den prächtigen Garten Gottes zu *„bebauen und zu bewahren"*. Gott vertraut dem Menschen den geschaffenen Lebensraum an, damit der Mensch ihn gestaltet: also roden und säen, pflegen und ernten, gebrauchen und verbrauchen. Arbeit ist Gestaltungsfreiraum! Die Lebensgrundlagen werden nicht durch den Menschen erzeugt. Gott hat das alles hergerichtet. Der Lebensraum ist vital durch den Segen Gottes, nicht durch die Arbeit des Menschen. Der Auftrag, den Acker zu bebauen, ist ein Kulturauftrag. Der Mensch soll sich durch seine Arbeit seinen Lebensraum erhalten. Auch im Paradies wird gearbeitet. Nicht zu arbeiten ist weder paradiesisch noch Inhalt utopischer Zukunftsvorstellungen. Das Paradies ist menschlicher Arbeitsplatz, kein Schlaraffenland! Zur Arbeit ist der Mensch berufen als Mann und Frau. Geschieht menschliche Arbeit im Paradies, so zeigt das: Arbeit des Menschen hat etwas zu tun mit Lebensfreude, Schaffenslust, Tätigkeitsdrang, Lust am Gelingen. Geistige und körperliche Arbeit gehören dabei zusammen.

4.1.2. Mühsal

PPT 242 oder 243

Nicht verschwiegen wird am Anfang der Bibel: Die heile Verbindung von Arbeit und Leben im Paradies wird durch den Menschen zerbrochen. Die Verletzung der von Gott gesetzten Grenzen durch den Menschen zerstört die Lebensordnung. Die Beziehungen zwischen Gott und Mensch, Natur und Mitmensch sind nicht mehr ideal oder paradiesisch. Der sehr gut geschaffene Mensch misstraut der Güte Gottes. Er isst von der verbotenen Frucht. Damit stellt er sich auf die Stufe Gottes und bestimmt selbst, was gut und was böse ist. Die Konsequenzen des sog. Sündenfalls werden so beschrieben: *„Im Schweiße deines Angesichtes sollst du dein Brot essen, bis du wieder zu Erde werdest, davon du genommen bist"* (Gen 3, 19). Die Erde ist widerspenstig. Sie bringt Dornen und Disteln hervor. Der Bearbeiter ist nicht mehr nur Bewahrer im Blick auf Natur und Menschengeschwister. Oft genug wird der Mensch zum Ausbeuter der Natur und zum Unterdrücker seinesgleichen. Die Arbeit des Menschen geschieht unter der Perspektive von Gut und Böse, Gelingen und Scheitern. Arbeit ist dabei immer persönlich zu verantwortendes Tun des Menschen.

4.1.3. Arbeiten in solidarischer Gesellschaft – reale Möglichkeit oder Utopie?

PPT 244

Der eine Mensch und seine eine Arbeit ist noch nicht alles. In der Bibel hat Arbeit immer eine soziale Dimension.

Arbeit – das kann die Fronarbeit als Sklaven in Ägypten sein. Dem Arbeitenden ist alle Selbstbestimmung und Selbstverantwortung genommen. Die Menschen werden unterdrückt, unfrei gemacht, klein gehalten und verbraucht. Man kann sich das so ähnlich vorstellen, wie wir es in Berichten von Arbeiteraufständen in Asien oder anderswo zu sehen bekommen. Nach der Befreiung des Volkes aus Ägypten entwirft Israel auf seinem Weg durch die Wüste und im gelobten Land das Gegenbild dazu: die gerechte, solidarische Gesellschaft, in der jede Arbeit den gerechten Lohn bekommt; in der auch dem Sklaven irgendwann die Freiheit zusteht; in der es die Abgabe des zehnten Teils der Einkünfte als Steuer gibt, die an Bedürftige weitergegeben wird.

Auch das kann Arbeit sein, die sich selbst und anderen Leben ermöglicht. In helfenden Berufen ist das am deutlichsten, wenn meine Arbeit von anderen wertgeschätzt wird. Natürlich ist es wünschenswert, dass Arbeit über die bloße Existenzsicherung hinaus Entfaltung von Kreativität und Gaben hervorbringt, in Freiheit geschieht, Verantwortung wahrnimmt und so Solidarität geschehen lässt. Um eine Gesellschaft, in der Arbeit so verwirklicht wird, hat das Volk Israel durch Jahrhunderte hindurch immer wieder gerungen und von ihr geträumt. Die biblischen Bücher der Propheten erzählen davon. Bei allem Bemühen um Veränderung der gesellschaftlichen Verhältnisse im alten Israel muss doch gesagt werden: Zu keiner Zeit in der Geschichte des Volkes Israel sind diese Ideale lupenrein umgesetzt worden.

4.1.4. Mit der Arbeit aufhören dürfen

PPT 245

Zu den Geschenken Gottes an Israel gehört unaufgebbar der Sabbat, der Tag ohne Arbeit. Jede Woche umfasst neben den Arbeitstagen auch den Festtag. Gott ruhte selber von der „Arbeit" der Schöpfung am siebten Tag und setzte so der Arbeit ihre Grenze. Wer mit Arbeiten aufhören kann und darf – der ist frei. Am Sabbat kann der Mensch erleben: Arbeit ist nicht alles. Er erlebt, dass Menschengemeinschaft auch Feiergemeinschaft ist und nicht nur Arbeitsgemeinschaft.

4.2. Neues Testament

4.2.1. Gottes Zuwendung und meine Arbeit

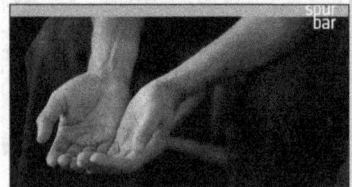

PPT 246

Mit der Idee von solidarischer Gesellschaft und dem Sabbat ist eine Spur gelegt, die im Reden und Leben Jesu deutlich wird. Auch in den Paulusbriefen ist davon etwas zu spüren. In der Beziehung zwischen Mensch und Gott zählt unsere Leistung nichts. Da hat Arbeit nichts zu suchen. Da gilt nur, was Gott für uns tut. *„Denn aus Gnade seid ihr selig geworden durch Glauben, und das nicht aus euch: Gottes Gabe ist es"* (Eph 2, 8). Gott wendet sich den Menschen zu, weil er sie liebt. Keine eigene Leistung bringt uns Gottes Heil und dem „Himmelreich" näher.

Was heißt das für das Verständnis von Arbeit? Arbeit ist wichtig, wertvoll und lebensentfaltend. Der Wert meiner Leistung und meiner Arbeit wird durch den Glauben nicht gering geschätzt. Aber: Durch Gottes Ja zu mir gibt es einen Wert meines Lebens jenseits von Arbeit und Leistung. Abgekürzt lässt es sich so formulieren: Das Heil hängt nicht von der Arbeit ab; zur Sicherung meines (Über-)Lebens in der Welt ist sie aber notwendig.

4.2.2. Glaube ist in der Liebe tätig

Im Glauben an Jesus ist eine positive Sicht der Arbeit begründet. Im NT wird Arbeit aus Dankbarkeit dem gnädigen Gott gegenüber als Dienst am Mitmenschen beschrieben[25].

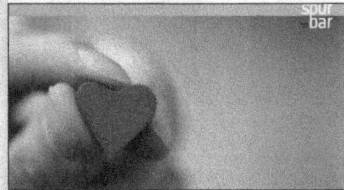

PPT 247

4.2.3. Arbeiten ohne Sorgen

In der Nachfolge Jesu soll das Bemühen um die Dinge des Alltags allerdings keinen zu großen Raum einnehmen. In der Bergpredigt (Mt 6) sagt Jesus: *Das Leben ist mehr als Nahrung und Kleidung.* Deshalb sollen wir uns darum nicht sorgen. Manche sagen, dass Jesus hier ganz radikal seine eigene Lebensweise des mittellosen Wanderpredigers beschreibt, und übersetzen so (Mt 6, 25): *Arbeitet nicht für euren Lebensunterhalt. Der himmlische Vater wird euch ebenso versorgen wie Vögel und Blumen.* Das ließ sich aber in der Urgemeinde nicht lange durchhalten. Paulus musste in Griechenland Kollekten einsammeln, damit die Christen in Jerusalem nicht wegen ihrer „alles gehört allen" – Lebensweise verhungern mussten (vgl. Röm 15, 26–29). Deshalb wird in einigen Briefen des Paulus den Christen ausdrücklich verwehrt, der Gemeinde oder anderen verantwortungslos zur Last zu fallen. Gemeindemitglieder in Thessaloniki, die in der Erwartung des nahen Weltendes die Arbeit aufgegeben hatten und sich von anderen durchschleppen ließen, fordert Paulus auf, sie sollten wieder *„ihrer Arbeit nachgehen und ihr eigenes Brot essen".* Er sagt ihnen: *„Wer nicht arbeiten will, der soll auch nicht essen!"* (2 Thess 3). Von Anfang an hat die Christenheit darum gerungen, wie die Gestaltung des christlichen Lebens in der Welt möglich ist.

PPT 248

4.3. Martin Luther

Martin Luther hat zu vielen Dingen wortgewaltig Stellung bezogen. So auch zum Thema „Arbeit":

PPT 249

---

25   vgl. Jak 2 / Gal 5,6b / 1 Kor 15,58 / Röm 13,8ff.

PPT 250

4.3.1. „Der Mensch ist zur Arbeit geboren wie der Vogel zum Fliegen."[26]

PPT 251

4.3.2. Arbeit ist Gottesdienst

Arbeit ist Gottesdienst – diese Entdeckung machte Martin Luther. Er hat so mit der unseligen Zweiteilung zwischen dem christlichen Leben und „weltlicher" Berufsarbeit aufgeräumt. Jeder Christenmensch erhält seine Berufung von Gott, um seinen Glauben praktisch zu bewähren. Für Luther ist jede Arbeit, als Dienst am Nächsten getan, Gottesdienst. So tut die als Beispiel angeführte Magd, die den Kuhstall ausmistet, ebenso den Willen Gottes wie diejenigen, die das Wort Gottes predigen. Wer das in Christus geschenkte neue Leben annimmt, wird sein Leben in Dankbarkeit führen und alle Bereiche des Lebens als dankbare Antwort gestalten. So ist die Alltagsarbeit kein Bereich, der außerhalb des christlichen Lebens stattfindet, so als müsse das „eigentliche" Christsein neben oder nach den Mühen des Alltags geleistet werden.

PPT 252

4.3.3. Gott im Alltag dienen

Es gibt die einen, die sagen: Meine Berufsarbeit ist nötig, um leben zu können. Ich arbeite als Christ. Es gibt andere, die den Beruf als Berufung verstehen. Wichtig ist, dass sie sich gegenseitig nicht bewerten. In allen Berufen, in allen Formen von Arbeit können Christen Gott dienen. Das ist wichtig zu betonen: Bei einer Beschränkung des Arbeitsbegriffs auf die Erwerbsarbeit bliebe es z. B. Arbeitslosen oder Menschen, die aus anderen Gründen (z. B. wegen Erkrankung) keiner regelmäßigen Erwerbstätigkeit nachgehen können, versagt, Gott in und mit ihrer Tätigkeit zu dienen.

---

26   Wörtlich: «Denn Gott will keine faulen Müßiggänger haben, sondern man soll treulich und fleißig arbeiten, ein jeglicher nach seinem Beruf und Amt, so will er den Segen und das Gedeihen dazu geben. Der Mensch ist zur Arbeit geboren wie der Vogel zum Fliegen.» (WA 31 I, 437).

4.4. Heute

4.4.1. Arbeit und Ehrenamt
Heute, wo manche Menschen keine Erwerbsarbeit finden können, ist es besonders wichtig, dass auch die nicht-beruflichen Tätigkeiten als Arbeit, als Bewährungsfeld des Glaubens im Alltag aufgewertet und in ihrer Beauftragung durch Gott anerkannt werden. (Achtung, Falle: Diese Aufwertung sollte nicht dazu führen, Arbeitslosigkeit scheinbar christlich zu verbrämen und Arbeitslose vom Erwerbsleben fernzuhalten!)

PPT 253

4.4.2. Verantwortung
Wenn so Arbeit als Dienst in der gestaltenden Pflege von Gottes Schöpfung und als Dienst in der Mitverantwortung für die Gemeinschaft verstanden wird, dann kann und darf sie kein Mittel der Ausbeutung der Natur und des menschlichen Lebens sein. Das mag idealistisch klingen. Immer haben sich Menschen zum Überleben und zur Gestaltung ihres Lebensraums der natürlichen Ressourcen bedient. Heutzutage kommen wir an vielen Stellen an Grenzen und stehen – wollen wir uns und unseren Kinder die Welt in bewohnbarem Zustand erhalten – vor neuen Herausforderungen. Viele Arbeitsplätze sind in Bereichen, die sehr viel Energie benötigen. Das Umsteuern durch die sog. Energiewende erweist sich als äußerst komplex. Es gibt da keine einfachen Lösungen. Die Verantwortung für die Welt und die nächsten Generationen bekommt so aktuelle Bedeutung auch für unser Verständnis der Arbeit.

PPT 254

4.4.3. Konkurrenz am Arbeitsplatz
Nicht zuletzt muss auch über die Verhältnisse an den Arbeitsplätzen gesprochen werden. Sind die Bedingungen so, dass ich gut arbeiten kann? Was ist, wenn die Stimmung mies ist? Es gibt Situationen am Arbeitsplatz, wo nicht mehr die Arbeit im Mittelpunkt steht, sondern das Verhältnis zum unsympathischen / mir ständig Ärger machenden / um die Gunst des Chefs / der Chefin konkurrierenden Kollegen/in. Wie kann ich mich selbst behaupten, ohne das auf Kosten der anderen oder auf meine eigenen „Kosten" tun zu müssen?

PPT 255

Alternative zum 4. Impuls

 Im Folgenden finden Sie eine alternative Form der Darstellung. In erzählender Form, unterstützt durch Bodenbilder, werden die biblischen und systematischen Aspekte zum Thema „Arbeit" entwickelt.

 Im spürArchiv finden Sie Fotos der Bodenbilder, die benötigten Materialien sind in der Spalte „Gestaltung", aber auch in der Einleitung bei der Checkliste zu Folge 2 aufgeführt.
Außerdem finden Sie dort eine Anleitung zur Gestaltung des Bodenbildes.

Vortrag	Gestaltung
Wir sehen uns an verschiedenen Stellen in der Bibel um. Es gibt nicht einen biblischen Text zum Thema Arbeit. In den Tischgruppen werden wir einzelne Texte betrachten. Zunächst gebe ich einen systematischen Überblick. Ich veranschauliche das Ganze mit diesem Bodenbild.	Braunes Tuch auf dem Tisch/ Boden
Von den Schöpfungsgeschichten her gedacht, gehört Arbeiten zum Menschsein dazu: Gott trägt dem Menschen auf, die Erde „sich untertan zu machen" und sie „zu bebauen und zu bewahren". Martin Luther kann sagen „Der Mensch ist zur Arbeit geboren wie der Vogel zum Fliegen." Gott vertraut dem Menschen den geschaffenen Lebensraum an, damit der Mensch ihn gestaltet und dadurch sein Leben erhalten kann: roden und säen, pflegen und ernten, gebrauchen und verbrauchen. Der Mensch soll und darf Spuren hinterlassen in der Schöpfung. Arbeit ist Gestaltungsfreiraum! Das schon alles im Paradies.	Biblische Erzählfigur auf das Tuch stellen. Schaufel und Schale mit Samen zur Figur stellen.

Vortrag	Gestaltung
Allerdings bleibt es ja nicht lange paradiesisch: Eva und Adam erliegen der Versuchung vom Baum der Erkenntnis von Gut und Böse zu essen. Damit verlieren sie ihre Unschuld. Gott wirft sie aus dem Paradies heraus, damit sie keinen Zugriff mehr auf den Baum des ewigen Lebens haben. In diesem Zusammenhang beschreibt Gott die Arbeit des Menschen als Mühsal und Last, als Fluch, der auf ihm lastet. Das Bearbeiten des Ackers ist ein lebenslanger schweißtreibender Kampf mit dem Unkraut.	Heftpflaster und Stofftaschentuch zur Figur legen.
Bei Kain und Abel wird die unterschiedliche Arbeit zur tödlichen Konkurrenz-Situation, Noahs Arbeit an der Arche erschafft einen Zufluchtsraum für Mensch und Tier usw.	
Arbeit ist also gleich am Anfang der Bibel ambivalent – zweideutig. Segen und Fluch. Gestaltungsfreiraum und Last.	

Der eine Mensch und seine eine Arbeit – das ist noch nicht alles. In der Bibel hat Arbeit immer eine soziale Dimension.

Arbeit – das kann die Fronarbeit als Sklaven in Ägypten sein.

Das ist Arbeit, in der dem Arbeitenden alle Selbstbestimmung und Selbstverantwortung genommen ist. Das ist Arbeit, die Menschen unterdrückt, unfrei macht, klein hält, verbraucht.

Nach der Befreiung des Volkes aus Ägypten entwirft Israel auf seinem Weg durch die Wüste und dann im Gelobten Land das Gegenbild dazu: Die gerechte, solidarische Gesellschaft, in der jede Arbeit den gerechten Lohn bekommt; in der auch dem Sklaven irgendwann die Freiheit zusteht; in der es die Abgabe des zehnten Teils der Einkünfte als Steuer gibt, die an Bedürftige weitergegeben wird.

Auch das kann Arbeit sein, die sich selbst und anderen Leben ermöglicht, Entfaltung von Kreativität und Gaben hervorbringt, in Freiheit geschieht, Verantwortung wahrnimmt und so Solidarität geschehen lässt.

Um eine Gesellschaft, in der Arbeit so verwirklicht wird, hat das Volk Israel durch Jahrhunderte hindurch immer wieder gerungen und von ihr geträumt. Die biblischen Bücher der Propheten erzählen davon.

Seilkreis auf braunes Tuch legen, Playmobilfiguren daran entlang stellen. Einigen Figuren Handschellen anlegen. Vier Figuren tragen eine fünfte.

Vortrag	Gestaltung
Zu dieser sozialen Dimension von Arbeit gehört auch, dass Menschen, die mit Menschen zusammenarbeiten, immer irgendwann beim Thema Konkurrenz und Selbstbehauptung landen. Wer ist besser? Wer kann es besser? Wer hat den besseren Draht zum Chef/zur Chefin? Auch davon weiß die Bibel – und ein wenig klingt davon in der Geschichte von Jakobus und Johannes an, als sie von Jesus wissen wollen, wer neben ihm im Himmelreich sitzen darf.	Papierstreifen mit Konkurrenz, Selbstbehauptung, Rangstreit an Seil legen.
Zu den Geschenken Gottes an Israel gehört unaufgebbar der Sabbat, der Tag ohne Arbeit. Jede Woche umfasst neben den Arbeitstagen auch den Festtag. Wer mit Arbeiten aufhören kann und darf – der ist frei. Am Sabbat kann der Mensch erleben: Arbeit ist nicht alles. Er erlebt auch, dass Menschengemeinschaft auch Feiergemeinschaft ist, nicht nur Arbeitsgemeinschaft. Die Leistungsfähigkeit eines Menschen ist für das gemeinsame Sabbat-Feiern egal.	Als Fest-Symbol kleine Vase mit Blume auf schöner Serviette o. Ä. auf das braune Tuch stellen.
Mit der Idee von solidarischer Gesellschaft und dem Sabbat ist eine Spur gelegt, die für uns Christen im Reden und Leben Jesu deutlich wird. Auch in den Paulusbriefen ist davon etwas zu spüren. In der Beziehung zwischen Mensch und Gott zählt unsere Leistung nichts. Da hat Arbeit nichts zu suchen. Da gilt nur, was Gott für uns tut. „Denn aus Gnade seid ihr selig geworden durch Glauben, und das nicht aus euch: Gottes Gabe ist es" (Eph 2, 8). Gott wendet sich dem Menschen zu, weil er es will. Das ist geschenkte Zuwendung.	Karton mit blauem Tuch darüber an den Rand des braunen Tuchs stellen. Glas mit brennender Kerze darin oben draufstellen. Wollschnur vom Karton zur Erzählfigur spannen, daran ein Papier mit „geschenkte Zuwendung" klammern.

Vortrag	**Gestaltung**

Die Zuwendung Gottes zum Menschen verändert alles – das hatten wir in der Einheit „beziehungsweise" schon: In der Liebesbeziehung mit Gott sieht der Mensch die Welt und seine anderen Beziehungen mit anderen Augen an. Die Beziehung zu uns geht von Gott aus. Gott liebt und liebt und liebt uns. Irgendwann kommt das in unseren Herzen an. Wir antworten auf diese Liebe mit Dankbarkeit gegenüber Gott. Das hat Auswirkungen auf unsere Arbeit. Alles, was ich so tue, wird damit zum Gottesdienst. Gottesdienst im Alltag der Welt, nicht in einem ausgesonderten Bezirk des Lebens.

Martin Luther hat diesen Gedanken stark betont, um die unselige Zweiteilung zwischen dem christlichen Leben und der weltlichen Arbeit zu überwinden. Für Luther ist jeder Beruf, jede Arbeit, die als Dienst am Nächsten getan ist, Berufung! Egal, ob die Magd den Kuhstall ausmistet oder der Pfarrer predigt. Was als Gottesdienst gearbeitet wird, das kann kein Mittel zum Ausbeutung der Natur oder des Mitmenschen sein. Es ist automatisch Dienst am Menschen, an seinem Lebensraum, seinen Lebensmöglichkeiten. Solche Arbeit kann auch nicht selbst zum Gott werden, weil sie ja Gott zu Diensten steht.

Gestaltung: Papier „Dankbarkeit" an zweite Schnur zwischen Figur und Kerze klammern. Papier „Gottesdienst" zu Schaufel und Schale stellen. Papier „Menschendienst" auf das Kreisrund stellen.

Sie merken: Der Blick in die Bibel zum Thema Arbeit hat ein vielfältiges Verständnis zutage gefördert. Vielleicht hilft es beim Sortieren, wenn Sie die zwei Ebenen bedenken:

a) Auf der irdischen Ebene gehört Arbeit ganz wesentlich zum Menschsein. Zugleich kann das ganz schnell kippen: Aus Gestalten wird Ausbeuten, aus Kooperation wird Konkurrenz, die Lust am Tun kann schnell zum Frust am Tun werden, aus Verantwortung wird Machtmissbrauch, aus Leistungswillen Machbarkeitswahn und, und, und …

b) Im Verhältnis zwischen Gott und Mensch kommt menschliche Arbeit nicht vor. Da arbeitet Gott selbst. Gott will nichts dafür, dass er uns alles gibt. Wir können gar nichts geben, was irgendwie von Belang wäre. Dieses Ungleichgewicht in der Beziehung kann eine heitere Gelassenheit bei der Arbeit geben.

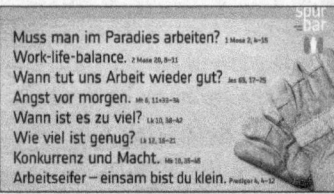

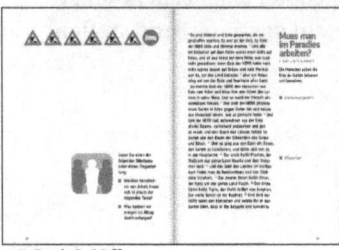

5. Arbeit an Bibeltexten in Gruppen (ca. 25 Min)

Je nach Größe des Plenums ist die Anzahl der Bibeltexte zu reduzieren. Sinnvollerweise ordnet Referent/in den Tischgruppen die Texte zu! Wichtig ist der Hinweis, dass die Tische unterschiedliche Texte haben.
Die Bibeltexte sowie die Fragen (s. u.) zur Erschließung finden sich im spürBuch.
Die Fragen sind für alle Texte gleich.

Bereits bei der Einführung in den Schritt 5 wird der folgende Arbeitsauftrag für das Ende der Gruppenarbeit gegeben:

Formulieren Sie eine provokante These, Frage oder Anregung, die sich aus dem Gruppengespräch mit dem Bibeltext ergibt und die Sie ins Plenum geben möchten. Wichtig ist der Hinweis: Bitte schreiben Sie die These auf einen der Bierdeckel!

Fragen zum Erschließen der Texte:
- Welches Verständnis von Arbeit findet sich in diesem Text?
- Was können wir morgen im Alltag damit anfangen?

Acht Bibeltexte:
- **Muss man im Paradies arbeiten?** Gen 2, 4–15 in Auswahl
- **Work-life-balance.** Ex 20, 8–11
- **Wann tut uns Arbeit wieder gut?** Die Vision von der nicht entfremdeten Arbeit. Jes 65, 17–25
- **Angst vor morgen?** Mt 6, 11.33–34
- **Wann ist es zu viel?** Lk 10, 38–42
- **Wie viel ist genug?** Lk 12, 16–21
- **Konkurrenz und Macht.** Mk 10, 35–45
- **Arbeitseifer – einsam bist du klein.** Koh 4, 4–12

6. Präsentation der Gruppenergebnisse im Plenum (15 Min)

Referent/in moderiert die Präsentation der Gruppenergebnisse. Dabei sollen die Thesen bzw. Fragen und Anregungen aus den einzelnen Gruppen zur Sprache kommen, und zwar mit dem Ziel die unterschiedlichen Aspekte von Arbeit, den eigenen Glauben und die persönliche Situation der Teilnehmenden aufeinander zu beziehen. Außerdem bietet diese Phase Zeit zur Klärung offener Fragen.

7. Fazit-Runde (10 Min)

Falls noch Zeit ist, kann der Abend mit einer Runde unter der Fragestellung: „Was wird mir von diesem Abend morgen noch in Erinnerung sein?" beschlossen werden. Jeder Teilnehmer nennt, wenn er mag, einen Satz.

An dieser Stelle ist Gelegenheit, den Teilnehmenden zur Erinnerung an diese Folge die Lentikular-Visitenkarte „Arbeiten/Beten" auszuhändigen sowie auf den Fragebogen im spürBuch zum Arbeitsalltag hinzuweisen.

8. Abschluss (10 Min)

Lied

EG RWL 678 / Mel. 361: Wir beten um den Frieden
EG 432: Gott gab uns Atem
EG 477, 4–6.8: Der Leib geht nun zur Ruhe

Gebet

Luthers Abendsegen (EG RWL 894)
Abendgebet EG RWL 900

Einladung zu Folge 3

spürBuch S. 30: Luthers Abendsegen

PPT 259

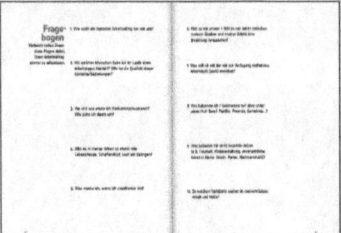

Fragebogen im spürBuch S. 32/33

Anhang

Fragebogen zu meinem Arbeitsalltag (s. spürBuch)

- Wie sieht ein typischer Arbeitsalltag bei mir aus?

- Mit welchen Menschen habe ich im Laufe eines Arbeitstages Kontakt? Wie ist die Qualität diese Kontakte/Beziehungen?

- Wo und wie erlebe ich Konkurrenzsituationen? Wie gehe ich damit um?

- Gibt es in meiner Arbeit so etwas wie Lebensfreude, Schaffenslust, Lust am Gelingen?

- Was mache ich, wenn ich unzufrieden bin?

- Fällt es mir schwer / fällt es mir leicht, zwischen meinem Glauben und meiner Arbeit eine Beziehung herzustellen?

- Was will ich mit der mir zur Verfügung stehenden Arbeitskraft (noch) erreichen?

- Wie bekomme ich / bekommen wir alles unter „einen Hut": Beruf, Familie, Freunde, Gemeinde ...?

- Was bedeutet mir nicht bezahlte Arbeit (z. B. Haushalt; Kindererziehung, ehrenamtliche Arbeit in Kirche, Verein, Partei, Nachbarschaft)?

- In welchem Verhältnis stehen in meinem Leben Arbeit und Muße?

Möglichkeiten des Einsatzes:

 Man kann den Fragebogen als alternativen Einstieg in die Gruppenphase verwenden. Die Teilnehmenden bearbeiten ihn in etwa zehn Minuten jeder für sich. Zur Vorstellung in der Gruppe nennt jeder die Frage, die für ihn besonders interessant ist oder ihm etwas klar gemacht hat. So stellt sich der Einzelne in der Tischgruppe vor.

 Der Fragebogen kann als Selbsttest und interessante Reflexion des Arbeitsalltags ausgefüllt werden.

Folge 3: gewissenhaft
entscheiden und handeln

Inhalt und Ziele

In der dritten Folge geht es um die Verantwortung von Christen für die Welt. Christen sind wie alle Menschen mitverantwortlich für politische und gesellschaftliche Prozesse. Aus der Schöpfungsgeschichte verstehen sich Christen als von Gott beauftragt, diese Welt zu bebauen und zu bewahren. Gott hat seine gute Schöpfung den Menschen anvertraut. Darauf wollen Christen durch ihr Handeln antworten. Weltverantwortung kann man sehr groß und global denken, aber auch ganz lokal begreifen als Verantwortung für das Zusammenleben in der Nachbarschaft und im Gemeinwesen.

In den Gruppenphasen wird an ausgewählten Fallbeispielen und durch Arbeitsschritte beleuchtet, wie man zu einer ethischen Entscheidung kommt und was mögliche Verhaltensweisen für Christen sein können. Bewusst wird den Teilnehmenden vor Augen geführt, dass es oftmals nicht die eindeutige Schlussfolgerung gibt, wie sich „der Christ" oder „die Christin" in einer bestimmten Situation zu verhalten habe. Dennoch wird dazu aufgefordert, Entscheidungen bewusst zu treffen und kleine, praktische Schritte der Umsetzung einzuüben.

Didaktisches Raster

Arbeitsschritt	Inhalt	Sozialform	Material	Zeit
0. Vorprogramm	Annäherung ans Thema: Honigverkostung	Plenum	Honig	
1. Begrüßung und Einführung	Einstieg und Vorstellung des Themas	Plenum	PPT: Themenfolie/ Honigglas	5 Min
2. Austausch	„Man müsste doch ...“ Persönliches Hineinfinden in das Thema	Murmel-gruppen zu zweit/dritt	PPT	5 Min
3. Impuls 1	Einführung in ethische Fragestellungen	Plenum	Wäscheleine, Papierstreifen oder PPT	15 Min
4. Übung	Der Irrgarten als Beispiel	Einzelarbeit Partnerarbeit Tischgruppen	spürBuch oder PPT	5 Min
5. Arbeit mit Bibeltexten an Situationen	Konkrete Situationen anhand von biblischen Texten ethisch bewerten und Leitlinien fürs Handeln erarbeiten	Tischgruppen	spürBuch	30 Min
6. Impuls 2	Vertiefung: Gewissen Fünf Schritte hin zu einem ethischen Urteil	Plenum	Wäscheleine, Papierstreifen oder PPT spürBuch	20 Min
7. Anwendung und Konkretion	Anwendung und Konkretion anhand zweier Fragestellungen	Tischgruppen	Infoblätter spürBuch spürSache: Einkaufschip: nachHALTig	30 Min
8. Impuls 3 und Schluss	Mutmacher: Konkret und klein beginnen, gemeinsam losgehen Lied, Gebet, Segenswort	Plenum	PPT Einladung Folge 4 spürBuch: Um-setzungs-Ideen	10 Min
				120 Min

0. Vorprogramm

Als Einstieg ins Thema können unterschiedliche Honigsorten und -arten (Geschmack, Herkunft, Preis) zur Verkostung angeboten werden. Wahrscheinlich ergeben sich hier bereits erste Gespräche über Kriterien beim Honigkauf, Auswirkungen auf Umwelt und Natur, heimische Märkte etc.

PPT 301

1. Begrüßung/Einstieg (5 Min)

Ich begrüße Sie herzlich an unserem dritten Abend. „gewissenhaft – entscheiden und handeln" ist das Thema heute.

Wir treffen jeden Tag viele Entscheidungen: Was und wo wir einkaufen, was wir anziehen und essen, wie wir zur Arbeit fahren, wen wir freundlich grüßen, ob wir Sport machen oder uns zum Fernsehen aufs Sofa setzen. Viele unserer Entscheidungen haben Auswirkungen auf andere Menschen, auf die Umwelt, ja sogar auf wirtschaftliche und gesellschaftliche Prozesse in unserem Land, europa- und weltweit.

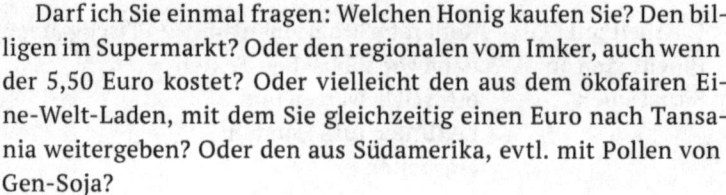

PPT 302

Darf ich Sie einmal fragen: Welchen Honig kaufen Sie? Den billigen im Supermarkt? Oder den regionalen vom Imker, auch wenn der 5,50 Euro kostet? Oder vielleicht den aus dem ökofairen Eine-Welt-Laden, mit dem Sie gleichzeitig einen Euro nach Tansania weitergeben? Oder den aus Südamerika, evtl. mit Pollen von Gen-Soja?

Und was hat das mit dem Christsein und unserem spürbar-Kurs zu tun?

Christen sollen Verantwortung übernehmen für diese Welt. Wie das geht, wie man eine solche Verantwortung überhaupt tragen kann, wie man zu guten Entscheidungen und von dort aus zu aktivem Handeln kommt, das wollen wir heute Abend näher betrachten.

2. Murmelgruppen am Platz (5 Min)

- „Eigentlich müsste man doch ...“
- „Da muss doch mal einer ...“
- „Da sollte doch mal jemand ...“

Es gibt viele Sätze, die so oder ähnlich anfangen. Doch aus wie vielen solcher Sätze wird auch eine Tat? Schauen wir nicht von uns weg, indem wir beim „man“ bleiben? Schauen wir heute genau hin und fragen: Wann habe ich so einen Satz gedacht – oder gesagt? Und was ist daraus geworden? Oder gab es die eine oder andere Situation, wo ich gedacht habe: „Da muss doch mal einer ...“ und dann war ich es auch, der gehandelt hat?

spür-bar

Man müsste doch ...

PPT 302

An dieser Stelle kann man ein persönliches Beispiel bringen. Habe ich z. B. einmal jemandem geholfen, wo andere nur dabei gestanden haben?
Habe ich Partei ergriffen bei einem Streit?
Oder Sie erzählen folgende Geschichte:

Eine Frau berichtet: „In unserer Nachbarschaft steht ein sogenanntes Übergangswohnheim. Dort wohnen ca. 800 Menschen mit Migrationshintergrund, Asylbewerberinnen und -bewerber, Flüchtlinge aus Syrien. Auch viele Familien mit Kindern sind darunter. Immer schon habe ich gedacht: Man müsste sich kümmern ... Jetzt habe ich mich gemeldet und mache an zwei Wochentagen bei der Hausaufgabenbetreuung mit.“

Sprechen Sie kurz miteinander – zu zweit, zu dritt, wie Sie gerade sitzen, und erzählen sich solch eine Geschichte, wo aus dem „Man müsste doch ...“ ein „Ich mach jetzt mal ...“ geworden ist.

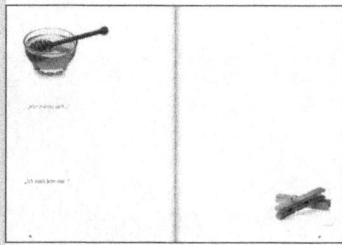

spürBuch S. 36

3. Impuls 1: Christen müssen doch!
Was müssen Christen? (15 Min)

Sie merken schon: Es ist manchmal gar nicht leicht, aus dem „Man müsste doch" auszusteigen und in ein „Jetzt mach ich mal" einzusteigen. Doch wenn man es wagt, kann man überraschende Erfahrungen machen. Zum Beispiel, dass es ziemlich einfach ist, anderen Menschen eine Freude zu bereiten, ihnen zu helfen oder eine peinliche Situation ins Gute zu wenden.

Gehen wir einen Schritt weiter. „Was müssen Christen tun? Und was dürfen sie nicht?" Eine spannende Frage. Eine ethische Frage.

3.1. Was ist Ethik?

Ethik ist die Lehre von dem, was gutes Verhalten ist. In der philosophischen Wissenschaft ist Ethik ein gedankliches System, das es ermöglicht, aus wenigen Grundsätzen Verhaltensregeln für das menschliche Zusammenleben abzuleiten. Dahinter steht meistens die Frage „Was ist das Gute, das ich tun muss?" Etwas relativer, vorsichtiger ausgedrückt: „Welche Handlungen ergeben das größtmögliche Gute für die größtmögliche Anzahl an Menschen?"

Unser Handeln wird bestimmt von **Traditionen und moralischen Vorstellungen** (vielleicht auch Vorurteilen) sowie von **ethischen Aussagen**.

Worin unterscheiden sich beide und wie sind sie aufeinander bezogen?

Traditionen und moralische Vorstellungen sind weitergegebene Verhaltensweisen, die oft über Generationen eine Gesellschaft oder einen Kulturkreis prägen.

 Die nun folgenden Schritte werden mit Hilfe einer Wäscheleine gestaltet, an der der Referent/die Referentin mit Klammern Gegenstände, Papierstreifen etc. zur Veranschaulichung befestigt. Druckvorlagen für die Papierstreifen etc. finden Sie im spürArchiv.

 Alternativ kann die entsprechende PPT eingesetzt werden. Dann muss die Folienausblendung zurückgenommen werden!

Ich gebe ein Beispiel:

Schritt 1: Was „man" so tut, oder: Was ist das Problem?
Sie haben vielleicht auch Sätze verinnerlicht wie „Sonntags hängt man keine Wäsche auf!"

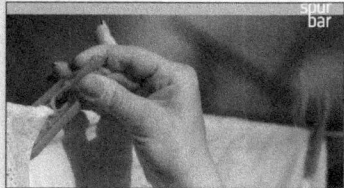

alternativ PPT 304

Und wenn Sie genauer in sich hineinhören, dann redet da vielleicht Ihre Mutter oder Oma, eine Tante oder die Nachbarin. Oder Sie denken: Was denken auch die Leute, wenn ich sonntags die Wäsche aufhänge ....

Immer wieder ist unser Verhalten durch solche „man-tut-Sätze" gesteuert. Was man tut, und was man nicht tut. Das prägt unser Verhalten.

alternativ PPT 305

Solche Traditionen, was man tut, können sehr hilfreich sein, weil sie uns manche Entscheidung abnehmen. Es sind Traditionen, die unser Zusammenleben prägen:

Das, was man tut, eckt nicht an, wird akzeptiert. Das ist die Moral, die uns als Dorf, als Gemeinde, als Gesellschaft verbindet.

alternativ PPT 306

Aber beim Wäscheaufhängen ist diese Tradition ja schon lange nicht mehr gemeinsame Verhaltensnorm, Moral unserer Gesellschaft. Meine Nachbarin hängt regelmäßig sonntags die Wäsche raus. Und ich habe es auch schon getan.

alternativ PPT 307

Schritt 2: Mit der Bibel
Wie halten es Christen mit der Sonntagswäsche? Hängen sie die im Keller auf, wo es niemand sieht? Oder waschen gute Christen nicht am Sonntag? Ich glaube, dass wir uns schnell einig sind, dass für Christen solche „man-tut-Sätze" nicht so viel Gewicht haben wie die Aussagen der Bibel.

alternativ PPT 308

Lassen Sie uns mal schauen, wo wir in der Bibel etwas zum Wäscheaufhängen am Sonntag finden. Aber solange Sie auch suchen: Wir werden dazu nichts finden. Weil man die Bibel nicht wie ein Kochrezept lesen kann. Was wir finden, ist das Gebot, den Feiertag zu heiligen. Und in den Zehn Geboten wird auch begründet, warum wir ihn heiligen sollen:

Einerseits, weil Gott, der Schöpfer der Welt, nach dem ganzen Erschaffen auch geruht hat. Und wir somit eben nicht nur als schaffende, sondern auch als ruhende, als genießende Menschen Ebenbilder Gottes sind.

Und andererseits wird der Feiertag mit der Befreiung aus der Sklaverei in Ägypten begründet: Wir sind freie Menschen, wir müssen nicht immer arbeiten.

Wenn ich diese beiden Begründungen für den Feiertag und seine Heiligung ernst nehme, dann lasse ich die Dreckwäsche vielleicht gelassen vor der Waschmaschine liegen. Ich muss nicht waschen!

Oder ich stecke die Dreckwäsche heiter in die Maschine und hänge sie auf den Balkon, weil ich meine Freiheit und mein Ruhen durch diese Tätigkeit nicht als beeinträchtigt empfinde, mich vielmehr daran freue, dass der Sonntagssommerwind mir den Trockner am Montag erspart ...

Sie merken: Ich kann die Bibel nur ganz selten als Gebrauchsanweisung lesen, sondern ich muss sie als Grundlage für meine ethischen Entscheidungen lesen.

alternativ PPT 309

Schritt 3: Was heißt das: eine ethische Entscheidung treffen?

Eine ethische Entscheidung treffen heißt: Ich frage nicht nach konkreten Handlungsanweisungen, sondern nach den Grundlagen für ein verantwortliches Handeln in meiner Situation.

Ethisch handeln heißt dann: Ich handle in Verantwortung vor Gott (d.h. ich handle so, dass ich ihm antworten kann, wenn er mich fragt, was ich tue) **und** ich handle in Verantwortung für die mir von ihm anvertraute Welt.

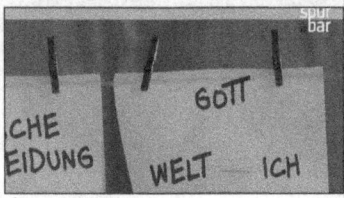

alternativ PPT 310

3.2. Ethische Entscheidungen mit der Bibel treffen

Sie merken, die ethische Aussage ist allgemeiner und grundsätzlicher. Eine ethische Aussage hat den Anspruch, dass sie nicht zeitbedingt gilt, sie drückt keine Moden und Meinungen aus. Sie gibt Orientierung und Ziele vor. Und lässt zugleich einen Freiraum, in der konkreten Situation zu entscheiden: Was soll ich tun?

Wie eben schon gesagt: Wir Christen versuchen, ethische Entscheidungen mithilfe der Bibel zu treffen. Die Bibel ist uns Anleitung und Inspiration, dass wir unser Leben so gestalten, wie Gott es von uns möchte. Allerdings: Die Worte Jesu sind oft nicht so leicht umzusetzen. Die Bibel ist eben nicht wie eine Gebrauchsanweisung für ein technisches Gerät zu lesen. Die Bibelworte leiten uns an, die guten Ziele in den Blick zu nehmen. Aber wie die Umsetzung in einer konkreten Situation aussieht, das müssen wir sehr häufig selbst herausfinden, eben dadurch, dass wir verantwortungsbewusste Entscheidungen treffen, die möglichst in Einklang mit meinen ethischen Überzeugungen stehen.

4. Übung: Der Irrgarten als Beispiel (5 Min)

 In Ihrem persönlichen spürBuch finden Sie das Bild eines Irrgartens. Bitte versuchen Sie einmal mit dem Bleistift eine Verbindungslinie von A nach B zu ziehen.

 Danach vergleichen Sie mit Ihren Nachbarn den jeweiligen Lösungsweg. Was fällt Ihnen auf?

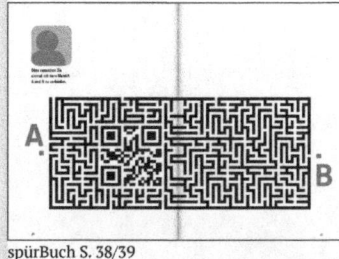

spürBuch S. 38/39

 Teilnehmende entdecken, dass es viele Wege von A nach B gibt, ein Problem also unterschiedliche Lösungsansätze bietet.

 Evtl. können bei der Besprechung der Erfahrungen aus der Tischgruppe die entsprechenden Folien aus der PPT eingesetzt werden.

alternativ PPT 312 bis 314

 Wer möchte kann auch den QR-Code im Irrgarten scannen und dort die Botschaft „LIEBE • GOTT • ANDERE • DICH" entdecken.

5. Zwei Alltagssituationen mit der Bibel entscheiden (30 Min)

Ich stelle Ihnen kurz zwei Beispiele aus dem Alltag vor. In der Tat haben die weitreichendere Konsequenzen als das relativ harmlose Beispiel mit der Sonntagswäsche.

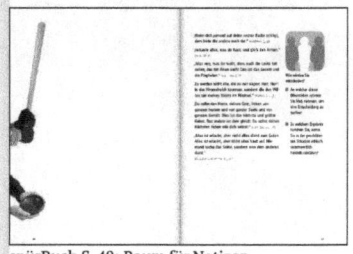

spürBuch S. 40: Raum für Notizen

5.1. Beispiel A:

Jesus hat gesagt: „Wenn dich einer auf die rechte Wange schlägt, dann halte ihm auch noch die linke hin."

Immer wieder hören wir von gefährlichen Situationen in U-Bahnen oder anderen öffentlichen Verkehrsmitteln. Ein Erwachsener bittet darum, die Musik etwas leiser zu stellen. Prompt eskaliert die Situation. Alkoholisierte Jugendliche belästigen eine junge Frau. Ein Schlägertyp sucht sich ein Opfer.

Gilt das Jesuswort auch für den Angriff dieses Schlägers in der U-Bahn? Was passiert, wenn ich diese Worte Jesu beachte und umzusetzen versuche? Komme ich dann unbeschadet aus der Sache heraus, wenn ich selbst angegriffen werde? Und darf ich dem, der angegriffen wird, beistehen und ihn verteidigen? Zur Not auch mit körperlicher Gewalt?

5.2. Beispiel B:

Jesus hat einmal einen reichen jungen Mann aufgefordert: „Verkaufe alles, was du hast, und gib es den Armen."

In vielen Städten und Orten, aber auch im öffentlichen Personennahverkehr begegnen wir Personen, die betteln. In der Regel ist ihnen anzusehen, dass sie sich in einer schwierigen Lage befinden.

Gebe ich dem Bettler Geld? Oder verweigere ich mich?
Sehr schnell kommt man in der Nächstenliebe an seine Grenzen. Abgesehen davon, dass die meisten für uns wohl nicht so viel Geld haben, allen Armen am Straßenrand etwas zu geben, kann man auch infrage stellen, ob die kleine Spende denn das Leben des Obdachlosen entscheidend verbessert. Muss man hier nicht ganz anders an die Probleme herangehen? Den Obdachlosen eine Wohnung geben, für Arbeit sorgen und sich politisch dafür einsetzen, dass die Sozialhilfe so bemessen ist, dass arme Menschen auskömmlich leben können? Und muss ich nur an die Not der Menschen auf den Straßen in Deutschland denken? Es gibt ja auch so viele Arme in anderen Ländern. Sind die nicht auch meine Nächsten?

Eine Entscheidung ist oft nicht einfach zu treffen! Dennoch müssen wir diese Entscheidungen treffen, und tun dies auch Tag für Tag, bewusst oder unbewusst. Was kann uns dabei leiten?

5.3. Arbeit an Bibeltexten

- „Wenn dich jemand auf deine rechte Backe schlägt, dem biete die andere auch dar." (Mt 5, 39)

- „Verkaufe alles, was du hast; und gib's den Armen." (Lk 18, 22)

- „Alles nun, was ihr wollt, dass euch die Leute tun sollen, das tut ihnen auch! Das ist das Gesetz und die Propheten." (Mt 7, 12)

- „Es werden nicht alle, die zu mir sagen: Herr, Herr! in das Himmelreich kommen, sondern die den Willen tun meines Vaters im Himmel." (Mt 7, 21)

- „Du sollst den Herrn, deinen Gott, lieben von ganzem Herzen und von ganzer Seele und von ganzem Gemüt. Dies ist das höchste und größte Gebot. Das andere ist dem gleich: Du sollst deinen Nächsten lieben wie dich selbst." (Mt 22, 37ff)

- „Alles ist erlaubt, aber nicht alles dient zum Guten. Alles ist erlaubt, aber nicht alles baut auf. Niemand suche das Seine, sondern was dem anderen dient." (Paulus in 1 Kor 10, 23f)

5.4. Fragen für das Gespräch in Tischgruppen:

- An welcher dieser Bibelstelle würden Sie Maß nehmen, um eine Entscheidung zu treffen?

- Zu welchem Ergebnis kommen Sie, wenn Sie in der geschilderten Situation ethisch verantwortlich handeln möchten?

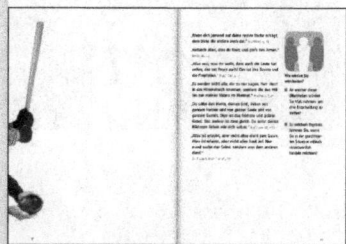

spürBuch S. 40: Raum für Notizen

6. Impuls 2:
Zu guten Entscheidungen kommen (20 Min)

Wir Christen sind nicht aus der Welt herausgenommen. Wir leben zwar in einem viel größeren Horizont, indem uns durch Jesus ein Leben mit unendlichem Haltbarkeitsdatum und Ewigkeitswert versprochen ist. Dennoch macht jeder Christ und jede Christin immer wieder die Erfahrung: Das Leben muss bestanden werden. Mit allen Höhen und Tiefen. Verstecken gilt nicht, eine rosa Wolke trägt uns nicht hindurch. Wir sind voll verantwortlich für unsere Lebensgestaltung. Für das, was wir einkaufen und essen, welches Auto wir fahren, welchen Strom wir kaufen, welche Partei wir wählen. Und mehr noch: Wir sind nicht nur für unser eigenes Leben und das unserer Partnerschaften und Familien verantwortlich. Gott hat uns die Verantwortung für seine Welt übertragen (Gen 1, 28): „Seid fruchtbar und mehret euch und füllet die Erde und machet sie euch untertan."

 Der Referent/die Referentin nutzt entweder ein zweites Mal die Wäscheleine mit den ausgedruckten „Utensilien" oder aber die PPT.

alternativ PPT 316

Dabei hatte Gott ein Weltgestaltungsmodell vor Augen, das nicht von Ausbeutung und Unterdrückung von Mensch, Tier und Natur geprägt ist. Im Gegenteil. Die Schlüsselbegriffe, die sich von Anfang bis Ende durch die Bibel ziehen, sind: **Gerechtigkeit, Barmherzigkeit, Liebe.**

Dies sind zugleich die Wesenszüge Gottes. Gott ist gerecht und barmherzig, und er ist Liebe. Über 3000 Bibelstellen gibt es, die das Thema Gerechtigkeit behandeln, unzählige loben die Liebe Gottes. Und immer wieder ruft uns Gott in Jesus Christus auf, den Nächsten in den Blick zu nehmen und auch danach zu fragen, was die anderen brauchen.

Ich mache das an einigen wenigen Beispielen aus der Bibel deutlich:

- Spr 14, 31: „Wer dem Geringen Gewalt tut, lästert dessen Schöpfer; aber wer sich des Armen erbarmt, der ehrt Gott."

- Das Doppelgebot der Nächstenliebe sagt uns: „Liebe Gott, und liebe deinen Nächsten wie dich selbst." (Lk 10, 27)

● In den Seligpreisungen Jesu in Mt 5, 1–10 werden die gelobt und glücklich gepriesen, die sanftmütig sind und barmherzig, die hungern nach der Gerechtigkeit, die friedfertig sind und um der Gerechtigkeit willen verfolgt werden.

Wir merken also: Gottes Heil hört nicht bei meinem persönlichen Seelenheil auf. Gott liebt diese Welt. Und weil er sie liebt und uns zur Gestaltung überlassen hat, traut er uns auch zu, sie nach seinem Willen zu bebauen und zu bewahren. Dabei hatte Gott die Idee, dass wir als seine geliebten Menschen uns auch von seiner Liebe, Gerechtigkeit und Barmherzigkeit leiten lassen.

Und nun fängt das Problem an: Die Meinungen über eine gute Weltgestaltung gehen auseinander. Auch unter uns Christen gibt es nicht die eine Meinung. Wir haben verschiedene Ideen und Gedanken zu den unterschiedlichsten Themen wie Energiewende, Bekämpfung der Armut, in unserem Land und weltweit, Welternährung und Gentechnik, Umgang mit Korruption und Vorteilsnahme, Organspende, Sterbehilfe oder Präimplantationsdiagnostik. Die Liste lässt sich beliebig verlängern.

Wie kann man da vorgehen?

6.1. Gewissen

In diesem Zusammenhang kommt ein Begriff ins Blickfeld, der Christen entscheidend weiterhilft bei der Frage: Was sollen wir tun?

Das ist das Wort **„Gewissen"**. „gewissenhaft – entscheiden und handeln", so heißt unser heutiger Abend ja auch. Auch Paulus hat das Wort schon benutzt. Die heutige Bedeutung von Gewissen geht wesentlich auf Martin Luther zurück, der Gewissen als das *Mitwissen einer übergeordneten Instanz um das eigene Handeln* verstand. Der Theologe Heinrich Spaemann sagt es dann so: Gewissen ist *„die Gegenwart eines absoluten Gesichtspunktes in einem endlichen Wesen"*. Für uns Christen ist der dreieinige Gott dieser absolute Gesichtspunkt, der feste Bezugspunkt, um den alles kreist, und wir können sagen: Gottes Gegenwart, sein Heiliger Geist leitet uns in unserem Denken und Wollen und gibt uns auch Impulse, wie wir handeln sollen.

Gewissen ist also das Wissen um gute und böse Handlungen. Gewissen ist nicht ein Gefühl, aus dem heraus man sich entscheidet. Gewissen ist nicht nur etwas, womit jeder ganz persönlich, ganz individuell entscheidet. Unser Gewissen ist geprägt von den

alternativ PPT 317

Traditionen, moralischen Vorstellungen und ethischen Entscheidungsprozessen, die jede und jeder von uns gelernt hat – oder aber unbewusst anwendet. Das Gewissen ist also so etwas wie das innere Navigationsgerät, mit dem wir uns durch die schwierige und teilweise undurchsichtige Landschaft der Meinungen und möglichen Wege durcharbeiten und zu den Taten kommen, mit denen wir Weltverantwortung übernehmen.

In jedem Navigationsgerät sind im Speicher Karten hinterlegt, die uns den Weg zeigen. Wir Christen orientieren uns in der ethischen Entscheidungsfindung vor allem an den Worten und Taten Jesu. Er gibt uns mit seinem Leben und seiner Lehre Orientierung und lässt uns fragen: Was würde er an meiner Stelle in dieser oder jener bestimmten Situation tun? Wir lassen uns sozusagen von den Worten Jesu die Richtung für unseren Weg bzw. unsere Entscheidungen vorgeben.

Dabei wissen wir: Es gibt nicht für jede Lebenssituation immer eine eindeutige Bibelstelle oder nur eine Antwort. Aber in einem Leben in der Nachfolge Jesu vertrauen wir darauf, dass der Heilige Geist unser Gewissen prägt und uns dafür sensibilisiert, wie wir den Willen Gottes in unserem Alltag leben können.

6.2. Fünf Schritte hin zu einer ethischen Entscheidung

Folgende Schritte können uns nun helfen, zu einer ethischen Entscheidung zu kommen.[27]

PPT 319

 Hier können die Folien der PPT genutzt werden, um die einzelnen Schritte darzustellen oder alternativ wieder die Wäscheleine.

---

27 Eine hervorragende Anleitung zum Umgang mit ethischen Fragen bietet der Reader 4 „Wie würden Sie entscheiden? Ethische Fragen als Herausforderung für Kleingruppen", hg. von AMD/Das Hauskreismagazin, www.a-m-d.de.

Schritt 1: Das Problem sorgfältig beschreiben

 Papierstreifen „Problembeschreibung" aufhängen

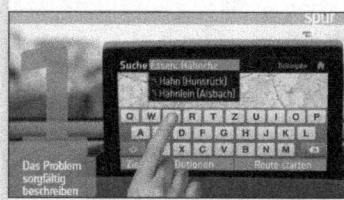

PPT 320

Dazu gehört es zu formulieren,

- worin das Problem besteht,
- welche Fakten zu berücksichtigen sind,
- was entschieden werden muss bzw. zwischen welchen Lösungen gewählt werden kann,
- welche unterschiedlichen Lösungsansätze aus der Bibel, von Traditionen und gesellschaftlichen Normen her oder auf Grund moralischer Standards denkbar sind,
- und nicht zuletzt: „Was sagt mir meine Intuition, mein Bauchgefühl?"[28]

Schritt 2: Prüfen der biblischen Aussagen

 Bibel zeigen oder in einer durchsichtigen Tüte an die Leine klammern

PPT 321

- Welche Aussagen finde ich, die für dieses Problem wichtig sind?
- Wie sind sie zu bewerten? Was ist mein persönlicher Maßstab: Warum gewichte ich so oder so? Habe ich bestimmte Vorlieben, bin ich „auf einem Auge blind"?

---

28 „Die Intuition speist sich aus einer Vielzahl früherer Erfahrungen und Entscheidungssituationen, die wir im Gedächtnis gespeichert haben und die im Unterbewusstsein wirken. Deswegen führt uns unser Gefühl selten in die Irre, und es fällt den meisten Menschen schwer, sich gegen ihr Gefühl zu entscheiden. Versuchen Sie, das unbewusste Wissen, das Ihre Gefühle bestimmt, zu ergründen und in die Entscheidung einzubeziehen." (Daigeler/Krüger, Führen)

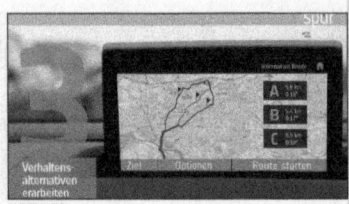

PPT 322

Schritt 3: Verhaltensalternativen erarbeiten

Papierstreifen „Verhaltensalternativen"

- Welche Verhaltensalternativen zeigen sich? Was geschieht, wenn ich den Weg A wähle, was geschieht bei Weg B? Gibt es einen Weg C oder D?

PPT 323

Schritt 4: Gewissenhaft entscheiden!

Papierstreifen „Gewissen"

Konkrete Entscheidungen sind am Ende eine Sache des „Gewissens".

Nachdem ich sorgfältig das Problem beschrieben habe, biblische Aussagen geprüft, aber auch alle anderen Aspekte berücksichtigt und mir die Verhaltensalternativen angeschaut habe, muss ich gewissenhaft entscheiden. Als Christ tue ich das in der Verantwortung vor Gott. Gewissen, so haben wir eben gesagt, ist ein Wissen darum, dass jemand/eine höhere Instanz mit-weiß (lat. „con-scientia").

Im Bild: Unser Gewissen ist wie ein Navigationsgerät, das mit biblischen Aussagen, vor allem mit den Worten und Taten Jesu, als Daten gefüttert ist und vom Heiligen Geist, das heißt ja nichts anders als „Gottes Gegenwart in uns", am Laufen gehalten wird. So kann ich der Stimme meines Gewissens vertrauen. Solche Entscheidungen haben dann sicher immer auch mit dem Gebet zu tun. Ich bitte Gott, gerade bei komplizierten Entscheidungen, darum, dass ich den richtigen Weg wähle.

Wenn wir an dieser Stelle vom „Gewissen" reden, dann hat das auch damit zu tun, dass wir bei vielen Entscheidungen am Ende, trotz allen Prüfens, trotz intensiven Gebets eine Entscheidung riskieren, von der wir erst hinterher wissen, ob sie gut war. Vor Gott zu entscheiden heißt immer auch, im Vertrauen auf ihn und auf seine Gnade zu entscheiden. Deshalb steht am Schluss der 5. Schritt:

Schritt 5: Entscheidung überprüfen

Papierstreifen „Überprüfen"

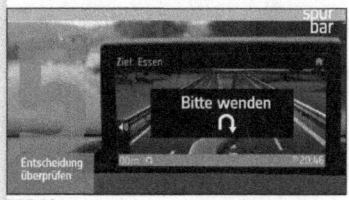

PPT 324

- Am Ende werde ich mein Handeln, zu dem ich im Vollzug dieser Schritte gekommen bin, noch einmal kritisch reflektieren: Welche Konsequenzen hat meine Entscheidung mit sich gebracht? Eventuell muss ich nachsteuern, mich neu entscheiden oder ich lerne für ähnliche Problemstellungen.

Diese Verfahrensschritte machen Sie ja normalerweise nicht am Schreibtisch mit einem Blatt Papier. Diese Schritte sind auch nicht immer ganz genau gegeneinander abgrenzbar. Sie können aber verdeutlichen, welche gedanklichen und emotionalen Prozesse wir durchmachen auf dem Weg zu einer gewissenhaften Entscheidung.

Wichtig zu wissen ist: Es gibt in vielen Dingen nicht die eine Antwort. Es gibt nicht Ja oder Nein, nicht schwarz oder weiß. Stattdessen gibt es manchmal nur Alternativen oder Kompromisse, das Abwägen des geringeren Übels, und manchmal hat man keine andere Wahl, weil ihre Möglichkeiten nicht ausreichen.

7. Anwendung und Konkretion (30 Min)

Im Folgenden finden Sie zwei Beispiele, an denen Sie die Schritte zur Entscheidungsfindung ausprobieren können. Die Beispiele können alternativ genutzt werden, man kann sie aber auch beide einbringen. Beide Beispiele werden in aller Kürze referiert. Die Teilnehmenden erhalten außerdem entsprechende Infoblätter (einschließlich der fünf Schritte zur Entscheidungsfindung und einiger Gesprächsimpulse). Je nach aktueller Situation kann es sinnvoll sein, andere Beispiele zu wählen und dazu, z. B. in einem Team, neue Arbeitsblätter zu erstellen.

7.1. Welche Entscheidung ist (ethisch) richtig?

 Sie bekommen an den Tischen jetzt ein Infoblatt, das Ihnen vor Augen führt, welche weltweiten Konsequenzen unser Kaufverhalten hat. Bitte lesen Sie sich die Informationen durch und überlegen Sie gemeinsam, wie man bei einer oder mehrerer dieser Fragestellungen zu einer guten Entscheidung kommen kann.

Dass eine Entscheidung oft nicht einfach ist, zeigt die Vielzahl an positiven und negativen (Neben-)wirkungen, die damit verbunden sein können:

Beispiel A: Der Kauf von Hühnchenfleisch
Freuen Sie sich über die günstigen Preise für das Hähnchenbrustfilet im Supermarkt?

PPT 326

- Hühnchenfleisch gilt als Bestandteil einer gesunden Ernährung, da es viel Eiweiß und wenig Fett und Cholesterin enthält. Es ist außerdem leicht verdaulich.
- Hühnerfleisch ist (im Gegensatz etwa zu Schweinefleisch) nicht von religiösen Tabus betroffen.
- Jeder(r) Deutsche verzehrt im Durchschnitt ca. 11kg Hühnerfleisch pro Jahr (Fleischverzehr insgesamt: ca. 60kg).
- Dieser Bedarf ist mengenmäßig und wirtschaftlich durch „normale" Hühnerhaltung kaum zu befriedigen.
- Geflügelfleisch aus artgerechter („Bio"-)haltung ist etwa doppelt so teuer wie das aus „konventioneller" Haltung.
- Für die Mast von Hühnern/ Hähnchen werden heute Ställe für bis zu 60 000 Tiere gebaut.
- Die in diesen Ställen entstehenden Mengen an Kot und Abgasen können für die Tiere und für die Menschen, die in ihrer Nähe leben, zu starken Beeinträchtigungen führen.
- Gelangen sie konzentriert in die Umwelt, können dadurch ganze Ökosysteme geschädigt werden.
- Den Tieren werden oft vorbeugend Antibiotika gegeben, um den Ausbruch von Seuchen zu verhindern. Reste dieser Antibiotika werden beim Verzehr des Fleisches mitgegessen. So kann es dazu kommen, dass Krankheitserreger resistent werden und entsprechende Medikamente beim Menschen ihre Wirkung verlieren.

- Eine artgerechte Haltung (flügelschlagen, picken, sandbaden, frische Luft, Tageslicht, ...) ist unter diesen Bedingungen nur sehr eingeschränkt möglich.
- Weil vor allem bestimmte Teile (Brust) nachgefragt werden, werden Tiere gezüchtet, die sehr schnell Fleisch (vor allem im Brustbereich) ansetzen. Das führt dazu, dass diese Tiere am Ende ihres Lebens nicht mehr richtig aufrecht stehen und laufen können.
- Für die Mast wird Futter (z. B. Soja) eingeführt, das etwa in Lateinamerika unter großindustriellen Bedingungen angebaut wird. Um die entsprechenden Flächen zu erhalten, werden auch wertvolle Ökosysteme (z. B. Regenwald) zerstört.
- Innereien u. Ä., die bei uns nicht nachgefragt werden, werden nach der Schlachtung (z. B. nach Afrika) exportiert. Dadurch werden die Arbeitsplätze einheimischer Mäster vernichtet.

Sie merken: Unser Kaufverhalten hat automatisch Auswirkungen in unterschiedlichen Bereichen!

Beispiel B: Der Kauf von Kleidung

Laut Statistischem Bundesamt (2007) gibt eine durchschnittliche Familie mit zwei Kindern in Deutschland im Jahr 1452€ für Bekleidung aus.

PPT 327

- Vor allem für Kinder und Jugendliche besteht ein erhöhter Bedarf an neuer Kleidung.
- Kleidung wird oft in Billiglohnländern produziert.
- Vor allem Kinder und Frauen arbeiten dort bis zu 100 Std. pro Woche.
- Das Einkommen dafür liegt etwa in Bangladesch bei ca. 30€ pro Monat.
- Trotzdem ist dieses Einkommen oft das einzige, um eine ganze Familie zu ernähren.
- Die Sicherheits- und Hygienebedingungen, unter denen produziert wird, sind oft mangelhaft (immer wieder sterben hunderte Arbeiterinnen beim Einsturz oder Brand der Fabriken).
- Die Organisation in Betriebsräten und Gewerkschaften wird oft gezielt verhindert.
- Die Chemikalien, die bei der Produktion (z. B. Farbe) eingesetzt werden, sind z. T. gesundheitsschädlich.

- Die verwendete Baumwolle wird z. T. unter massivem Einsatz von Pflanzenschutzmitteln produziert und ist entsprechend belastet.
- Die Produktionskosten machen nur einen kleinen Anteil der Endkosten aus. Bezogen auf den Großhandelspreis können so 20 ct. den Unterschied ausmachen zwischen einer menschenunwürdigen, ausbeuterischen Entlohnung und einer angemessenen und fairen Bezahlung.
- Nicht nur billige Kleidung entsteht unter unfairen Produktionsbedingungen, auch teure Mode kann davon betroffen sein.
- Es gibt inzwischen Angebote an „fair" produzierter Kleidung. Diese ist aber oft noch relativ teuer, und der Markt ist unübersichtlich. Vor allem „top-aktuelle" Mode ist eher noch unterrepräsentiert.

Lassen Sie uns in einer zweiten Gruppenarbeit anhand von diesem einen Beispiel/diesen Beispielen überlegen, wie wir als Christen leben und worauf wir Einfluss nehmen wollen und können.

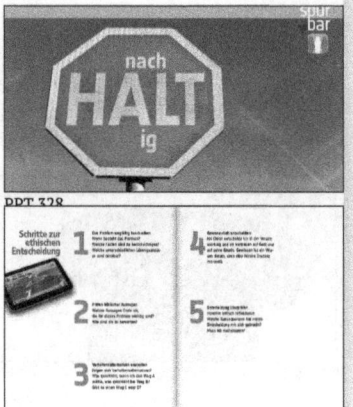

spürBuch S. 42/43

7.2. Diskussion in Tischgruppen

Entscheiden Sie, an welchem der beiden Beispiele Sie arbeiten möchten. Die fünf Schritte der Entscheidungsfindung finden Sie im spürBuch bzw. zusammen mit den Impulsen für das Gespräch auf dem Infoblatt.

Gesprächsimpulse Beispiel „Hühnchenfleisch"

Gehen Sie die fünf Schritte der Entscheidungsfindung miteinander durch:

- 1. Das Problem sorgfältig beschreiben
- 2. Prüfen der biblischen Aussagen
- 3. Verhaltensalternativen erarbeiten
- 4. Gewissenhaft entscheiden!
- 5. Entscheidung überprüfen

Folgende Aspekte können in die Diskussion einfließen:

- „Ich bin gegen Mastställe vor meiner Tür, aber das billige Hähnchen fürs Wochenende kaufe ich gerne im Supermarkt, das schont meinen Geldbeutel."
- Was hat das Hühnchenfleisch-Beispiel mit dem Christsein zu tun?
- Wie kann ich als Konsument Rücksicht nehmen auf schöpfungsgemäße Tierhaltung, und was ist das überhaupt?
- Was sollte ich beim Nahrungsmittelkauf über unsere globalen Nahrungsmittelkreisläufe wissen, um möglichst ressourcenschonend, umweltbewusst und fair einzukaufen?
- Welche Einflussmöglichkeiten habe ich als Kunde?
- In welchem Verhältnis steht mein schlechtes Gewissen angesichts der hier beschriebenen Produktionsverhältnisse zu meiner christlichen Freiheit?

Gesprächsimpulse Beispiel „Der Kauf von Kleidung"
Gehen Sie die fünf Schritte der Entscheidungsfindung miteinander durch:
- 1. Das Problem sorgfältig beschreiben
- 2. Prüfen der biblischen Aussagen
- 3.Verhaltensalternativen erarbeiten
- 4. Gewissenhaft entscheiden!
- 5. Entscheidung überprüfen

Folgende Aspekte können in die Diskussion einfließen:
- Würde Jesus bei Ikea einkaufen, bei McDonalds essen, H&M tragen?
- Ökologisches und globales Bewusstsein ist teuer! Was aber ist, wenn ich mir aufgrund meiner persönlichen Situation den Bioladen und das Ökolabel nicht leisten kann, sondern im Discounter kaufen muss?
- Welche Einflussmöglichkeiten habe ich als Kunde?

 **An dieser Stelle, also am Ende der Gruppenarbeit, bekommen die Teilnehmenden aus dem spürPaket als Erinnerung an das Thema der dritten Folge einen Einkaufswagen-Chip mit dem Aufdruck „nachHALTig".**

8. Impuls 3 und Schluss (10 Min)

Wir sind fast am Ende eines interessanten und intensiven Abends. Vielleicht war es auch ein Abend mit manchen kontroversen Diskussionen! Vielleicht sind Sie etwas enttäuscht, weil mehr Fragen gestellt als beantwortet wurden. Vielleicht sind Sie jetzt etwas verwirrt, weil Sie keine klaren Regeln bekommen haben: So verhält man sich als Christ und so nicht. Basta!

Vielleicht denken Sie: Das mit dem Gewissen gibt mir einerseits ja die Freiheit, zu eigenen Entscheidungen zu kommen. Und zeigt auch, dass man als Christ durchaus unterschiedlicher Meinung sein kann. Andererseits kann das auch anstrengend werden. Man muss also immer gut überlegen und abwägen, was denn das möglichst Gute im konkreten Fall bedeutet.

Vielleicht denken Sie jetzt auch: Christsein ist eine ausgesprochen politische Angelegenheit! Da muss man sich offensichtlich in die gesellschaftlichen Prozesse einmischen. Richtig!

Es sollte mehr Christen geben, die sich politisch und gesellschaftlich engagieren. Das muss ja nicht immer in einer Partei sein. Das kann auch im Elternrat der Schule sein, in einer Bürgerinitiative, im Präventionsrat der Gemeinde oder bei der Feuerwehr. Jesus wurde übrigens aus politischen Gründen der Prozess gemacht. Weil er sich einmischte, aneckte, gegen den Strom schwamm.

Vielleicht ist heute aber auch Folgendes passiert: Sie haben ein schlechtes Gewissen bekommen. Entweder, weil Sie denken: „Ich bin ja nur ein Einzelner, und wir in der Gemeinde sind ja nur wenige, da kann man bei den vielen Problemen in der Welt nicht viel machen. Wo soll ich da anfangen?" Oder, weil Sie sich jetzt sagen: „Da habe ich letzte Woche doch erst bei XY gekauft und Hühnchen gegessen."

Oder Sie merken: Man könnte so viel Gutes tun, aber das eigene Geld reicht einfach nicht dafür aus. Oder, oder, oder.

Andererseits: Furcht, Angst und ein schlechtes Gewissen sind ganz schlechte Ratgeber.

Der Abend sollte Sie dazu ermuntern, hinzusehen. Zugleich wünschen wir Ihnen, dass Sie die Freude am Leben nicht verlieren und jetzt denken: Was muss man als Christ denn noch alles tun?

Ich möchte Sie ermuntern und herausfordern, anders zu fragen: Was können wir gemeinsam tun, als Gemeinde, in der Nachbarschaft, im Stadtteil?

„Erlöster müssten mir die Christen aussehen" so hat Friedrich Nietzsche mal gesagt. Das soll heißen: Der Welt hilft es nicht, wenn Christen nur verzagte, muffige oder verbissene Menschen sind, die verzweifelt das Paradies auf Erden bauen wollen. Wir werden das sowieso nicht bewerkstelligen. Das ist und bleibt Gottes Sache. Aber das bedeutet auch nicht, dass wir die Hände in den Schoß legen können und alles Gott überlassen dürfen. Schließlich hat er uns ja in seine Welt gestellt und möchte, dass wir sie gestalten und verwalten.

Ja, auch als Christen werden wir die Welt nicht in ein Paradies verwandeln. Aber: Es lohnt sich, an einigen Stellen die Stimme zu erheben. Das bewirkt Veränderung. Die Bekleidungskonzerne müssen umdenken. Immer mehr Menschen fragen nach: Wie wird denn meine Kleidung produziert? Steckt da Kinderarbeit drin? Die Marktforscher finden heraus, dass immer mehr Menschen bereit sind, lieber etwas mehr Geld auszugeben für das Produkt, damit die Firmen in den Herstellungsländern für gute Arbeitsbedingungen und auskömmliche Löhne sorgen.

McDonalds z. B. hat signalisiert: „Wir haben verstanden". Seit einigen Jahren gibt es eine grüne Linie bei McDonalds: mehr Salat, weniger Fleisch. Das ist vielleicht auch eine Lösung für Ihren Einkaufszettel: Kaufen Sie doch lieber einmal in der Woche gutes Fleisch von einem regionalen Erzeuger, als dreimal wöchentlich billige Massenware. Gesünder ist das übrigens auch. Und je mehr Menschen so handeln, desto überflüssiger werden Mastfabriken.

Es gibt so viele kleine, aber gute Möglichkeiten, etwas zu verändern.

 In Ihrem spürBuch finden Sie „Ideen zur praktischen Umsetzung".
Und wenn Sie gleich konkret werden wollen:

- In der Eingangshalle finden Sie eine Meinungswand, da können Sie Ihre Ideen aufschreiben, was jeder persönlich, aber auch, was wir als Gemeinde tun können. Vielleicht treffen wir uns dort und diskutieren über die Vorschläge und machen was daraus!

spürBuch S. 45/46

- Oder der Abend hat Sie motiviert, gemeinsam einen Denkpool aufzumachen: Wie können wir fröhlich und kreativ und vor allem gemeinsam konkrete Schritte zu verantwortlichem und vernetztem Handeln entwickeln?

Zwei Gedanken zum Schluss:

● Wir Christen leben von der Gnade und Liebe Gottes und nicht von unseren guten Taten. Daran wollen wir festhalten. Jesus und Paulus haben das immer gut auseinander- und zugleich zusammen gehalten: Die Freude am Geschenk des Lebens, die Freude über die Liebe Gottes, die ich mir nicht verdienen oder erarbeiten muss, die Freude an den Dingen dieser Welt, an Gottes guter Schöpfung und ein entsprechendes verantwortliches Tun.

● Die jüdische Weisheit sagt: „Wer eine Seele rettet, rettet die ganze Welt." Das gibt mir Mut und Gelassenheit zugleich: Ich muss nicht die ganze Welt auf einmal retten. Es reicht, wenn ich mit einer Sache anfange. Aber dass ich anfange, ist wichtig. Sie werden sehen: Sie sind nicht alleine im Einsatz für eine bessere Welt, für mehr Liebe unter uns Menschen, für ein besseres Leben für die, die bedürftig und arm sind.

Abschluss

Lied, Gebet und Segenswort

Liedvorschläge
Seid fröhlich in der Hoffnung, Feiert Jesus 1
Weitersagen, weitertragen, Feiert Jesus 1
Du sollst ein Segen sein

Einladung Folge 4
bewegt – von HOCHzeiten und TIEFpunkten

PPT 330

Anhang

Ideen zur praktischen Umsetzung im Alltag
Im spürBuch mit Platz für persönliche Ergänzungen.

spürBuch S. 45/46

- Einmal gutes Fleisch statt dreimal die Woche billiges auf den Tisch.

- Mit Freunden/ dem Hauskreis/ mehrmals im Jahr mit der Gemeinde gemeinsame Mahlzeiten einnehmen – in Gemeinschaft essen macht mehr Spaß, und: Es wird billiger! Dazu: einfache Mahlzeiten in Gemeinschaft zelebrieren. So werden sie zum Fest im Alltag.

- Beim Kauf auf Nachhaltigkeit achten: (Langlebigkeit; Produktionsbedingungen). Und: Kann ich „Fair" einkaufen?

- Haushaltsbuch führen, eine Anschaffung 1–3 Monate verschieben, dann aber ein gutes Produkt kaufen.

- Spenden: in nachhaltige Projekte, mit Dauerauftrag.

- Fastenwochen leben – Passionszeit, aber auch: die alte Fastenzeit des Advent wiederentdecken, dazu: sich realisierbare Projekte vornehmen.

- Bewusst Shoppen gehen ohne etwas zu kaufen – und zu Hause sich freuen: Was brauche ich alles nicht!

- In beiden Richtungen denken: das Eis genießen, und es auch genießen, wenn ich stattdessen dem Bettler das Geld gebe. Aber auch: gemeinsam ein globales Projekt fördern.

Folge 4: bewegt
von носнzeiten und тıеғpunkten

Raumgestaltung

 Im Hauptraum sind in Gruppen (zu ca. 6 Personen) auf großen Tischen Postkarten bzw. Bilder ausgelegt, die das Leben in seiner ganzen Bandbreite widerspiegeln.

 In der Ankommens-Phase kann vor der offiziellen Begrüßung eine Slideshow (PPT oder Videoclip aus dem spürArchiv) mit zahlreichen Motiven aus der Bandbreite des Lebens gezeigt werden.

 In einem Nebenraum oder in der benachbarten Kirche sind verschiedene Gebetsstationen aufgebaut (Beschreibung siehe Ablauf). Hierzu wird ausreichend Platz benötigt, um die Intimsphäre der Teilnehmenden wahren zu können.

Inhalt und Ziele

In dieser Einheit soll es um prägende Erfahrungen gehen, die wir als *Hochzeiten oder Tiefpunkte* im eigenen Leben empfinden. Im Blick sind besondere Einschnitte, Wendepunkte, Erlebnisse oder Erfahrungen, die nachhaltig wirken. Als solche beglücken und stärken sie uns und stiften Sinn; oder sie deprimieren uns, führen uns in eine Krise und stellen uns und unseren Glauben infrage.

Wie kann es gelingen, beglückende und positive Erfahrungen für die Gegenwart fruchtbar zu machen? Und wie können wir mit Tiefpunkten leben lernen und so damit umgehen, dass sie Wendepunkte zur Besinnung, Neuorientierung oder Veränderung werden? Darauf versucht diese Einheit aus der Perspektive des Glaubens eine Antwort zu geben.

Die Teilnehmenden werden behutsam dazu angeleitet, sich sowohl individuell als auch in Gemeinschaft die *Hochzeiten und Tiefpunkte* im eigenen Leben zu vergegenwärtigen und sie im Horizont des Glaubens zu deuten. Das eigene Gottesbild soll dabei reflektiert und das Gebet, insbesondere auch das Psalmengebet, als konkrete Hilfe zum Umgang mit Hochzeiten und Tiefpunkten vorgestellt bzw. (wieder-) entdeckt werden.

Nach Röm 12, 15 „Freut euch mit den Fröhlichen und weint mit den Weinenden" ist Lebensbewältigung auch als gemeindliche Aufgabe zu verstehen. Welche Möglichkeiten uns insbesondere die christliche Gemeinschaft im Umgang mit *Hochzeiten oder Tiefpunkten* anbietet, soll in dieser Einheit deshalb erfahrbar gemacht werden.

Hochzeiten und Tiefpunkte im Rahmen eines Glaubenskurses zu thematisieren ist ein Wagnis, weil dadurch Intimes und Tiefliegendes berührt wird. Möglicherweise werden wunde Punkte bei den Teilnehmenden angesprochen, und sie wollen oder können manches nicht im Rahmen des Kursgeschehens benennen und aufarbeiten. Die Durchführung dieser Einheit erfordert daher von den Mitarbeitenden seelsorgliche Kompetenz und Achtung von persönlichen Grenzen. Eine seelsorgliche Begleitung von Einzelnen über die Einheit hinaus sollte generell angeboten werden.

Didaktisches Raster

Arbeitsschritt	Inhalt	Sozialform	Material	Zeit
0. Evtl. Vorprogramm	Slideshow „Hochzeiten und Tiefpunkte"	Plenum	PPT	5 Min
1. Begrüßung u. Einführung	Vorstellung des Themas	Plenum	PPT: Themenfolie	5 Min
2. Übung	Die Bandbreite des Lebens	Tischgruppen	PPT und spürBuch Bildersätze „Bandbreite des Lebens"	15 Min
3. Impuls	Vom Umgang mit Hochzeiten und Tiefpunkten	Plenum		5 Min
4. Übung	Persönliche Besinnung/ Biografiearbeit anhand von Koh 3	Einzelarbeit Partnerarbeit	spürBuch spürSache: Parkscheibe PPT: „Count-down"	20 Min
5. Impuls	Hochzeiten und Tiefpunkte im Horizont des Glaubens	Plenum	PPT spürBuch	10 Min
6. Übung	„Mein" Gottesbild reflektieren	Einzelarbeit Tischgruppen	spürBuch	20 Min
7. Impuls	Gebet und Gemeinschaft als Möglichkeit zum Umgang mit Hochzeiten und Tiefpunkten	Plenum	Einführung in fünf Gebetsstationen	10 Min
8. Übung	Gebetsstationen *alternativ:* Lebens-Psalm schreiben Lebens-Bild malen	Einzelarbeit	Materialbedarf siehe Checkliste spürBuch Zettel, Stifte, Malpapier und -farben	30 Min
9. Abschluss	Schlussrunde Psalm, Gebet und Segen Einladung Folge 5	Plenum	Gesangbuch spürSachen: Bohnen/ Parkscheibe PPT: Einladung Folge 5	5 Min

120 Min

0. Evtl. Vorprogramm:
Slideshow „Hochzeiten und Tiefpunkte"

 **Alternativ zur PPT finden Sie im spürArchiv auch einen Videoclip „spuerbar4album", den Sie als Endlosschleife abspielen können, bis der Abend offiziell beginnt.**

1. Begrüßung und Einführung ins Thema (5 Min)

Herzlich willkommen zum 4. Abend von „spürbar – der Nachfolgekurs". Unser Thema lautet: „bewegt – von HOCHzeiten und TIEFpunkten".

PPT 423

Dabei möchte ich mit Ihnen heute nicht auf bewegende Ereignisse in der Weltgeschichte schauen, sondern es soll um unsere ganz persönlichen Erlebnisse und Erfahrungen gehen. Um Zeiten, in denen wir obenauf waren oder tief unten gewesen sind. Um Höhen und Tiefen, die wir bereits durchlebt haben oder vielleicht gerade durchmachen.

Es soll um beides gehen: Ich möchte mit Ihnen das Schöne und Beglückende in unserem Leben wahrnehmen, aber auch Krisenhaftes und Verstörendes, das *uns* und möglicherweise *unseren Glauben* infrage stellt.

„Himmelhoch jauchzend – zu Tode betrübt": Wer von uns kennt nicht solche Stimmungsschwankungen? Meistens gehen sie wieder vorüber.

Doch es gibt auch Erlebnisse oder Erfahrungen im Leben, die tiefer gehen und dauerhaft unsere Stimmung, ja unsere Einstellung zum Leben beeinflussen – sei es positiv oder negativ.

Was wir in guten und schlechten Zeiten erlebt haben, hat mit dazu beigetragen, wer oder was wir heute sind. Es hat unsere Persönlichkeit geprägt.

Und es ist auch für unser zukünftiges Handeln, unser Weltbild und unseren Glauben von Bedeutung. Dabei können wir gerade an den Tiefpunkten in unserem Leben (wohl mehr noch als zu Hochzeiten) entscheidende Entwicklungsschritte machen, wenn es gelingt, sie als Chance zu begreifen.

Ich lade Sie ein, an diesem Abend einmal auf Ihr Leben zu schauen und es im Licht des Glaubens zu betrachten. Was lässt sich von dort her zu den Hochzeiten und Tiefpunkten in unserem

Leben sagen? Verändert sich durch die Perspektive des Glaubens möglicherweise die Einschätzung des Erlebten und der Umgang damit? Und welche konkreten Hilfen zur Lebensbewältigung bietet uns der Glaube bzw. Gott selbst? Darum soll es heute Abend gehen.

„Hochzeiten und Tiefpunkte" – das ist ein emotional besetztes und intimes Thema. Es gibt vielleicht Erfahrungen, über die Sie hier in der Gruppe nicht reden möchten, weil sie Ihnen zu nahe gehen. Und womöglich ist hier nicht der rechte Platz dafür, um sie auszusprechen. Fühlen Sie sich bitte nicht gezwungen, von sich etwas preiszugeben, was Sie nicht möchten.

Im Hinblick auf die Gespräche, die heute stattfinden werden, möchte ich Sie deshalb ermutigen: Bewahren Sie Ihre eigenen Grenzen und achten Sie auch die der anderen.

Manches kann man nur mit sich alleine oder mit Gott ausmachen. Deshalb wird es neben den Phasen, wo wir miteinander im Gespräch sind, auch Raum zur persönlichen Besinnung und zur Begegnung mit Gott geben.

Vielleicht wird bei Ihnen auch etwas angestoßen, was in diesen zwei Stunden nicht abschließend geklärt werden kann; vielleicht kommen Fragen auf, über die Sie mit jemandem reden möchten. Dann bieten wir Ihnen über diesen Abend hinaus die Möglichkeit zu einem seelsorglichen Gespräch an. Folgende Personen ... oder Einrichtungen (Telefonseelsorge/Beratungsstelle etc.) können Sie ansprechen.

Meine Hoffnung ist, dass wir durch die Beschäftigung mit unseren Hochzeiten und Tiefpunkten entdecken, wie reich unser Leben ist. Und dass wir die Chancen sehen können, die darin für uns liegen.

2. Übung: Die Bandbreite des Lebens (15 Min)

In Fotoalben bewahren wir die Erinnerungen an schöne Zeiten und Augenblicke auf: Bilder aus unserer Kindheit (Kinderfoto), von unserer Hochzeit (Hochzeitsfoto), von einem schönen Urlaub (Urlaubsfoto) …

Da gibt es Zeiten, in denen wir viel gelacht haben, wo wir unbeschwert und glücklich waren. Die Bilder davon schauen wir uns gerne an – auch mit anderen. Die Erinnerung daran tut uns gut.

PPT 424 bis 426

Aber da sind da auch andere Bilder, wenn wir an unser Leben denken: Bilder von Krankheit (Krankenbett), von Abschied und Trauer (Beerdigung), von Scheitern und Zerbruch (Streit o. Ä.) …

Solche Bilder halten wir in der Regel nicht in einem Album fest; wir schauen sie nicht gerne an, weil damit ein Schmerz verbunden ist. Aber wir tragen diese Bilder in uns. Sie haben sich uns tief eingeprägt und damit auch die Erfahrungen, die mit ihnen verbunden sind. Sie haben einen tiefen Eindruck bei uns hinterlassen und wirken nachhaltig. Sie sind sozusagen auf unserer inneren Festplatte abgespeichert.

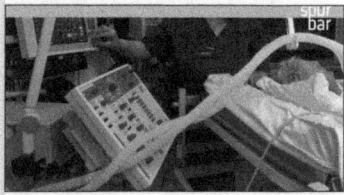

PPT 427 bis 429

 **Im spürArchiv finden Sie die sechs in der PPT gezeigten Motive sowie weitere Motive für das Gruppengespräch als JPG-Dateien. Bei einem Fotoservice können Sie die Bilder entsprechend der Anzahl der Tischgruppen zum Beispiel im Format 10 x 15 cm ordern. Alternativ kann man sie auf einem Fotodrucker ausdrucken. Für das folgende Gruppengespräch ist es empfehlenswert, eine breite Auswahl an Motiven zu haben.**

Anleitung zur Gruppenarbeit:

Vor Ihnen liegen Bilder, die die ganze Bandbreite des Lebens widerspiegeln.

Welche Motive würden Sie den Hochzeiten zuordnen, welche den Tiefpunkten im Leben? Und warum?

Bedenken Sie dabei miteinander folgenden Weisheitsspruch: „Das Glück hat seine Wurzeln im Leid, und das Leid hält sich im Glück verborgen." (Laotse im Daodejing). Kommen Sie über die Bildmotive und Zitate für 10 Minuten ins Gespräch.

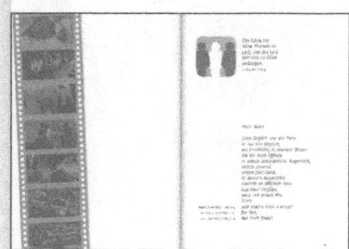

spürBuch S. 51

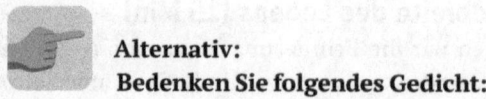

Alternativ:
Bedenken Sie folgendes Gedicht:

Mein Glück

Ursprünglich war die Perle in mir ein Unglück,
ein Fremdling in meinem Wesen.
Als ich mich öffnete
in einem unbedachten Augenblick,
nichts ahnend
nichts fürchtend,
in diesem Augenblick
machte es plötzlich klick.
Aus dem Unglück
wird mit einem Mal
Glück
und macht mich wertvoll
für den,
der mich findet.

(Hanns Dieter Hüsch und Uwe Seidel,
Das kleine Buch zum Glück, Düsseldorf 2001, S. 10.)

3. Impuls:
Vom Umgang mit Hochzeiten und Tiefpunkten (5 Min)

Sie haben im Gespräch vielleicht gemerkt: Was wir jeweils als Hochzeiten oder Tiefpunkte empfinden, ist auch eine Frage der Interpretation.

Die Meinungen darüber, was Glück bedeutet, worin ein erfülltes Leben besteht oder wozu eine Krise gut ist, gehen mitunter weit auseinander. Welchen Wert Hochzeiten und Tiefpunkte jeweils haben, welchen Gewinn sie für unser Leben austragen oder welchen Verlust sie bedeuten, hängt von unserem persönlichen Erleben und von unserer Sichtweise ab.

Manche haben vielleicht ihr Leben lang an einem Tiefpunkt zu „knacken" oder leiden darunter, andere gehen gestärkt daraus hervor.

Wie kann der Umgang mit Hochzeiten und Tiefpunkten so gelingen, dass wir uns gut in unserer Persönlichkeit weiterentwickeln?

Welche Hilfen bietet uns dabei der Glaube bzw. Gott selbst an? Das möchte ich heute mit Ihnen anschauen.

Unsere Lebenserfahrungen und unser Glaube stehen in einem direkten Zusammenhang. Hochzeiten und Tiefpunkte, die wir erleben, beeinflussen und verändern unseren Glauben; sie prägen unser Gottes- und Weltbild, auch wenn uns das vielleicht nicht immer bewusst ist. Sie werfen Fragen auf oder lassen in uns Zweifel entstehen; sie bringen uns näher zu Gott oder führen uns von ihm weg.

Umgekehrt kann aber auch unser Glaube den Umgang mit Hochzeiten und Tiefpunkten beeinflussen; zum Beispiel wenn wir daraus Kraft beziehen in einer schweren Zeit.

4. Zeit für eine persönliche Besinnung/ Biografiearbeit (20 Min)

 Ich lade Sie jetzt ein, zunächst zu bedenken, welches Ereignis oder welche Situation aus Ihrem Leben Sie als Hochzeit oder Tiefpunkt empfunden haben.

Was hat Ihr Leben bisher geprägt und ausgemacht? Was waren für Sie einschneidende Erlebnisse?

In Ihrem spürBuch finden Sie dazu einen Bibeltext mit ein paar Leitfragen, die Ihnen dabei helfen sollen, sich solche Hochzeiten und Tiefpunkte in Erinnerung zu rufen und zu bedenken.

Lesen Sie sich bitte den Bibeltext Koh 3, 1–8 in Ruhe durch und unterstreichen Sie die Erfahrungen bzw. Verse, zu denen Ihnen besondere Situationen aus Ihrem Leben einfallen.

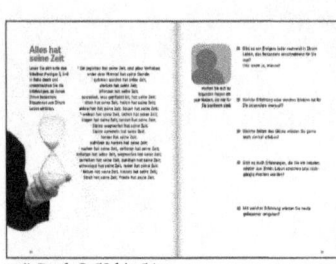

spürBuch S. 52 bis 54

 Ergänzend kann hier die Parkscheibe aus dem spür-Paket mit Begriffspaaren aus Koh 3, 1–8 ausgeteilt werden, verbunden mit der Frage:

- „Zu welchen Erfahrungen fallen Ihnen besondere Situationen aus Ihrem Leben ein?"

Machen Sie sich anschließend zu folgenden Fragen ein paar Notizen, die nur für Sie bestimmt sind:
- Gibt es ein Ereignis (oder mehrere) in Ihrem Leben, das besonders einschneidend für Sie war? Und wenn ja, warum?
- Welche Erfahrung oder welches Erlebnis ist für Sie besonders wertvoll?
- Welche Zeiten des Glücks würden Sie gerne noch einmal erleben?
- Gibt es auch Erfahrungen, die Sie am liebsten wieder aus Ihrem Leben streichen bzw. rückgängig machen würden?
- Mit welcher Erfahrung würden Sie heute gelassener umgehen?
- Gab es bei Ihnen irgendwelche Zusammenhänge zwischen traurigen und schönen Erfahrungen?
- Welche Einsicht nehmen Sie aus Ihren Erfahrungen in die Zukunft mit?

Nehmen Sie sich dafür insgesamt 15 Minuten Zeit.

 PPT: Ein Countdown läuft während der Übung sichtbar ab (15 Min). Dazu läuft evtl. leise meditative Musik im Hintergrund.

PPT 431 bis 446

 **Anschließend Austausch mit dem Tischnachbarn/
der Tischnachbarin (5 Min):**

● Welche Entdeckungen haben Sie bei dieser Übung gemacht?
Tauschen Sie sich mit dem Nachbarn/der Nachbarin darüber
aus. Sie müssen dabei nicht im Detail in Ihr Leben gehen. Geben Sie nur das von sich preis, was Sie möchten und können.
Sie haben dafür 5 Min Zeit.

5. Impuls: Hochzeiten und Tiefpunkte im Horizont des Glaubens (10 Min)

Auch die Bibel enthält Geschichten, die das Leben schrieb: be-
rührende, zu Herzen gehende, Sinn stiftende, traurige, aufregen-
de, gefährliche Geschichten. In diesen Geschichten spielt neben
den beteiligten Personen auch Gott eine Rolle. Menschen werden
von Gott angesprochen und lassen sich von ihm zum Handeln bewegen. Gott nimmt Einfluss auf ihr persönliches Leben und das
Weltgeschehen – so haben sie es erlebt und in den Geschichten
der Bibel mit menschlichen Bildern zum Ausdruck gebracht.

Die Menschen, von denen wir in der Bibel lesen, haben ihr Leben in Beziehung zu Gott gesetzt. Sie haben die Hochzeiten und
Tiefpunkte ihres Lebens auf Gott hin und von ihm her interpre-
tiert. Sie haben diese Zeiten nicht mit sich alleine ausgemacht,
sondern sind mit Gott darüber ins Gespräch gekommen und im
Gespräch geblieben. Und sie haben ihre Erfahrungen an andere,
an nachfolgende Generationen weitergegeben.

Besonders in den Gebeten der Bibel, in den Psalmen, bringen
Menschen ihre Hochzeiten und Tiefpunkte mit Gott auf innige
Weise in Verbindung.

Die Psalmen sind sehr persönlich. Hier gewähren uns die Beterinnen und Beter einen Einblick in ihre äußeren Lebensumstände
und ihr Innenleben. Dabei haben sie ganz verschiedene Deutun-
gen dafür gefunden, welche Rolle Gott in ihrem Leben spielt:

PPT 448 bis 456

Folgende Beispiele/Erfahrungen können mit den vorgeschlagenen (oder anderen) Psalm-Zitaten in Auswahl unterlegt werden (Paraphrasen vorlesen; Psalmzitate per Beamer projizieren). Sowohl die Paraphrasen als auch die Psalmzitate finden sich im spürBuch.

- Menschen ringen und hadern mit Gott über schwere Schicksalsschläge und fragen verzweifelt: Warum? (Ps 22, 2)

- Sie trauern über Verlorenes und weinen über ihre Schuld. (Ps 77, 6.8–9)

- Sie klagen Gott eigenes und fremdes Leid, ja sie klagen sogar Gott selbst an. (Ps 44, 24–27)

- Oder sie bitten Gott um Hilfe und Trost. (Ps 57, 2)

- In ihren Gebeten nehmen die Beter/innen kein Blatt vor den Mund. Jeder Gedanke, jede Frage ist erlaubt – auch wenn sie gegen Gott selbst gerichtet ist.
  Und andererseits jubeln Menschen in ihren Gebeten ausgelassen über das, was sie gerade an Glück erleben. Sie staunen über das, was Gott möglich macht, und loben ihn überschwänglich. (Ps 108, 4–5)

- Sie fühlen sich wie neu geboren und sagen: Gott sei Dank, ich bin gerettet! (Ps 103, 2–4)

- Sie rufen ihre Freude laut hinaus und fordern andere dazu auf, sich mit ihnen zu freuen. (Ps 34, 3–4)

- Und sie erinnern sich an frühere Zeiten und gewinnen daraus Zuversicht für die Gegenwart. (Ps 107, 1–2)

- Und manchmal liegen Hochzeiten und Tiefpunkte in einem Psalm ganz dicht beieinander: Die Stimmung reicht von „himmelhoch jauchzend" bis „zu Tode betrübt" bzw. umgekehrt. Die Beter/innen der Psalmen schütten ihr Herz vor Gott aus – und erleben dadurch eine Befreiung, einen Umschwung ihrer Stimmung hin zu neuer Hoffnung und Lebendigkeit. (Ps 56, 12)

6. Übung in Tischgruppen: „Mein" Gottesbild reflektieren (20 Min)

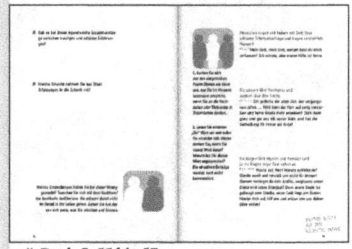

spürBuch S. 55 bis 57

Die Teilnehmenden finden die Psalmworte, die dazugehörigen Paraphrasen und die Arbeitsanleitung im spürBuch.

1. Suchen Sie sich aus den vorgestellten Psalm-Zitaten ein Wort aus, das Sie im Moment besonders anspricht, wenn Sie an die Hochzeiten oder Tiefpunkte in Ihrem Leben denken.

2. Lesen Sie einander „Ihr" Wort vor und teilen Sie einander mit: Woran denken Sie, wenn Sie dieses Wort lesen? Warum hat Sie dieses Wort angesprochen? Die einzelnen Beiträge werden noch nicht kommentiert.

3. Kommen Sie anschließend in der Gruppe ins Gespräch:

● Welches Verständnis von Gott kommt hier jeweils zum Ausdruck? Entspricht das meiner Vorstellung? Wie lassen sich meine Hochzeiten/Tiefpunkte von diesem Wort her interpretieren? Wie könnte dieses Wort mir weiterhelfen?

Sie haben dafür insgesamt 20 Min Zeit.

7. Impuls: Gebet und Gemeinschaft als Möglichkeit zum Umgang mit Hochzeiten und Tiefpunkten (10 Min)

Vielleicht haben Sie in Ihrem Gespräch gespürt, welche Kraft in den Worten der Psalmen steckt. Und welche neuen Einsichten sich daraus ergeben können, wenn ich mein Leben mit Gott in Verbindung bringe.

Das Gespräch mit Gott hat den Beterinnen und Betern der Psalmen Kraft und Trost gegeben, ihre Zuversicht genährt, ihnen Freude und inneren Frieden geschenkt und neue Perspektiven eröffnet.

Im Gebet haben sie ihrer Freude Ausdruck verliehen und ihrer Dankbarkeit eine Richtung gegeben. Im Gebet konnten sie aber auch ihre Not herausschreien und ihr Leid klagen; es hat ihnen geholfen, sich mit dem Leben und mit Gott auszusöhnen, und es hat sie lebendig gehalten.

Durch das Gebet möchte Gott auch uns helfen, unser Leben – so wie es (geworden) ist – anzunehmen mit seinen Höhen und Tiefen.

In einem der nächsten Schritte haben Sie gleich die Möglichkeit, es einmal selbst auszuprobieren: in ganz persönlichen Worten sich Ihre Erfahrungen von der Seele zu schreiben und Ihrer Freude, Trauer oder Empörung vor Gott freien Lauf zu lassen. Achten Sie einmal darauf, was das in Ihnen bewegt.

Ein großer Gewinn kann es auch sein, Hochzeiten und Tiefpunkte, meine Erfahrungen, Fragen und Zweifel mit anderen im Gespräch zu teilen und/oder gemeinsam zu beten. Geteiltes Leid ist halbes Leid, geteilte Freude ist doppelte Freude, sagt ein Sprichwort. Gemeinsam lässt sich eine Krise oft besser bewältigen als alleine. Und wer anderen etwas Schönes erzählt, freut sich noch einmal daran.

Deshalb hat schon der Apostel Paulus der Gemeinde (in Rom) folgenden Rat ans Herz gelegt:

„Freut euch über die Hoffnung, die ihr habt. Wenn Nöte kommen, haltet durch. Lasst euch durch nichts vom Gebet abbringen. Helft Gläubigen, die sich in einer Notlage befinden; lasst sie mit ihrer Not nicht allein ... Freut euch mit denen, die sich freuen; weint mit denen, die weinen." (Röm 12, 12ff., NGÜ)

Die christliche Gemeinschaft ist ein Ort, wo Raum sein soll für Hochzeiten und Tiefpunkte, wo wir Freude teilen, Begleitung finden und in Schwierigkeiten getragen werden.

Hier sollten möglichst Beispiele aus der Gemeindearbeit genannt werden wie Seelsorge, Gesprächskreise, Trauercafé u. a.

Und nun – wie vorhin angekündigt – soll es ganz praktisch werden: Ich lade Sie ein, die Hochzeiten oder Tiefpunkte Ihres Lebens mit Gott in Verbindung zu bringen und dies, wenn Sie mögen, auch in Gemeinschaft zu tun.

Wir haben dazu im Nebenraum/in der Kirche verschiedene *Gebetsstationen* aufgebaut, an denen Sie zum Beispiel eine persönliche Klage vor Gott bringen, Ihrer Trauer Ausdruck geben oder einen Dank vor Gott aussprechen können.

Wer möchte, kann dort eine Aktion durchführen oder die Stationen still auf sich wirken lassen. Im Hintergrund wird während des Rundgangs leise Musik laufen. Ihre Gebete können Sie anonym aufschreiben oder auch nur in Gedanken formulieren. Lassen Sie sich an den Stationen so viel Zeit, wie Sie brauchen. Sie müssen nicht alle Stationen aufsuchen.

Vielleicht möchten Sie das, was Sie heute Abend bewegt, auch vor einem anderen Menschen vertraulich aussprechen und für sich beten lassen. Wir bieten Ihnen eine besondere Station an, wo das möglich ist. Dort wird eine Mitarbeiterin/ein Mitarbeiter *(hier Namen vorstellen)* für Sie da sein. Sie können N.N. ein persönliches Anliegen nennen. N.N. wird dann für Ihr Anliegen beten und Ihnen ein Segenswort zusprechen. Dies findet in einer geschützten Stelle im Raum statt, für den Rest der Gruppe nicht hörbar und einsehbar. Was Sie im persönlichen Gespräch mitteilen, wird dort verbleiben und nicht weitergetragen.

Alternativ besteht auch die Möglichkeit, einen eigenen Lebens-Psalm zu verfassen, den Sie mit nach Hause nehmen und dort beten können.

Oder Sie malen ein Bild vom eigenen Leben mit seinen Höhen und Tiefen, in das Sie Ihre Erfahrungen mit Gott einzeichnen.

Die Anleitung dazu finden Sie jeweils im spürBuch. Dort ist auch Platz zum Malen oder Schreiben. Alternativ dazu liegen hier im Raum Blätter und Stifte auf den Tischen aus.

Sie haben für die Stationen oder zum Malen oder Schreiben 30 Minuten Zeit. Danach treffen wir uns zu einem gemeinsamen Abschluss wieder hier im Raum (alternativ: in der Kirche).

8. Übung: Gebetsstationen aufsuchen (30 Min)

 Die fünf Gebetsstationen befinden sich in einem Nebenraum oder in der Kirche; dazu evtl. meditative Musik im Hintergrund; den eigenen Psalm oder das Lebens-Bild kann man an den Tischen im Hauptraum aufschreiben bzw. malen.

 Folgende Informationen sind zur Vorbereitung der Stationen gedacht (d.h. nicht zum Vortragen durch den Referenten/die Referentin): Entsprechende Materiallisten für die einzelnen Stationen finden Sie als Checklisten in der „Grundlegung".

1. Station: Vor Gott klagen

Ein Sandsack hängt oder liegt im Raum, daneben Boxhandschuhe. Ein Psalmwort (siehe unten; Ps 55, 17–18) liegt als Kärtchen zum Mitnehmen aus.

 Anleitung zur Station auf einem Schild:

- „Ich aber will zu Gott rufen, und der HERR wird mir helfen. Abends und morgens und mittags will ich klagen und heulen; so wird er meine Stimme hören." (Ps 55, 17–18)
- Was will ich Gott klagen? Worüber bin ich wütend?
- Das kann ich laut aussprechen oder still für mich denken und dabei symbolisch meine Wut/Klage am Sandsack auslassen.

2. Station: Weinen und Trauern

In der Mitte steht ein (durchsichtiger) Krug mit Wasser, daneben liegen Glasperlen; dazu das Trostwort in mehrfacher Ausführung: „Sammle meine Tränen in deinen Krug. Ohne Zweifel, du zählst sie." (Ps 56, 9)

 Anleitung zur Station auf einem Schild:

- Was macht mich traurig? Worüber muss ich weinen?
- Für meine Trauer kann ich eine Glasperle in den Krug werfen und ein Trostwort mitnehmen.

3. Station: Danken

In der Mitte stehen Blumen und Merci-Schokolade, daneben Zettel und Stifte und das Bibelwort: „Ich danke dem HERRN von ganzem Herzen und erzähle alle deine Wunder." (Ps 9, 2)

 Anleitung zur Station auf einem Schild:

- Wofür will ich Gott danken?
- Ich kann meinen Dank aufschreiben und vor die Blumen legen, ein Merci mitnehmen und genießen.

4. Station: Nach vorne blicken und weitergehen

Hier liegen Zettel in Form von Füßen und Stifte aus.

 Anleitung zur Station auf einem Schild:

- Wie wollen Sie Ihre Situation weiter angehen? Was möchten Sie klären oder tun? Was erhoffen Sie sich von Gott?
- Schreiben Sie dies auf einen Fuß und nehmen ihn als Erinnerungshilfe mit nach Hause.

5. Station: Fürbitte und Segen

An einer geschützten Stelle im Raum außer Hör- und Sichtweite zu den anderen Stationen, evtl. abgeteilt durch einen Wandschirm: eine Mitarbeiterin/ein Mitarbeiter, zwei Stühle, Kerze oder Kreuz auf einem Hocker.

Hier können von den Teilnehmenden persönliche Anliegen genannt werden. Ein Mitarbeiter/eine Mitarbeiterin nimmt das Anliegen in der Fürbitte auf und spricht unter Handauflegung ein Segenswort zu (frei formuliert oder als Segenskarte mitzugeben).

Anleitung: einen Lebens-Psalm schreiben

Die Anleitung für das Verfassen eines persönlichen Lebenspsalms finden Sie im spürBuch. Dort ist auch Platz vorgesehen, diesen Psalm aufzuschreiben.

Ein Psalm ist ein Gebet, ein Gespräch mit Gott. Stellen Sie sich vor, Sie schreiben einen persönlichen Brief an Gott. Wählen Sie zunächst eine Gottes-Anrede, die Ihnen vertraut ist, bzw. die Sie mögen, z. B.: *„Gott/Mein Gott/Lieber Gott/Herr/Vater im Himmel"* o. Ä.

Schreiben Sie dann auf, was Sie im Hinblick auf Ihr Leben bewegt und Sie Gott sagen möchten. Ihre Worte müssen nicht wohlgeformt sein und auch kein Gedicht ergeben. Schreiben Sie ehrlich und authentisch, was Ihnen auf der Seele liegt – sei es Ärger, Fragen, Zweifel, Traurigkeit, aber auch Dank und Lob. Vielleicht haben Sie auch eine Bitte an Gott, etwas, das Sie sich für die Zukunft und Ihren weiteren Weg wünschen. Auch das können Sie Gott mitteilen.

Wenn aus Ihrer Sicht das Wesentliche gesagt ist, schließen Sie Ihren Psalm mit einem *„Amen" (d. h.: So sei es)* ab.

Danach können Sie Ihren Psalm in der Stille noch einmal betend lesen und ihn später auch zu Hause (laut) beten. Vielleicht mögen Sie Ihren Psalm auch im Laufe der Zeit verändern, je nachdem, wie sich Ihre Situation weiterentwickelt.

Anleitung: ein Lebens-Bild malen

 Die Anleitung für das Malen eines persönlichen Lebens-Bildes finden Sie im spürBuch. Dort ist ebenfalls Platz zum Malen.

Nehmen Sie sich ein Blatt Papier und einen Stift bzw. Stifte/Farben. Sie können Ihren ganzen bisherigen Lebensweg aufzeichnen, aber auch einzelne Stationen daraus bzw. einschneidende Erfahrungen. Was ist für Sie im Moment wesentlich und wichtig? Beginnen Sie Ihr Bild am besten spontan.

● Sie können Ihre Emotionen und Empfindungen im Bild ausdrücken, Ihre Fragen oder Hoffnungen. Welche Farben möchten Sie dafür wählen? Und wie kommt Gott in Ihren Erfahrungen vor? Auch das können Sie einzeichnen.

● Die Darstellung kann bildlich, symbolisch oder abstrakt sein, aus Farbflächen oder Linien, Punkten etc. bestehen. Vielleicht möchten Sie auch Worte dazu schreiben. Sie können, müssen aber nicht das Papier vollständig ausmalen.

● Geben Sie Ihrem Bild abschließend einen Titel.

Zu Ihrer Entlastung: Beim Malen kommt es nicht auf künstlerische Fähigkeiten an und Ihr Bild wird nicht den anderen gezeigt oder benotet.

spürBuch S. 60

9. Abschluss (5 Min)

 Die Schlussrunde findet sinnvollerweise in der Kirche statt. Falls noch genügend Zeit ist, evtl. kurze Blitzlichtrunde (kein ausführlicher Erfahrungsbericht): Wie geht es mir jetzt?

Nach dieser intensiven Erfahrung beschließen wir den Abend mit einem modernen Psalm von Hanns Dieter Hüsch:

Psalm

Ich bin vergnügt, erlöst, befreit,
Gott nahm in seine Hände meine Zeit,
mein Fühlen, Denken, Hören, Sagen,
mein Triumphieren und Verzagen,
das Elend und die Zärtlichkeit.

Was macht, dass ich so fröhlich bin
in meinem kleinen Reich?
Ich sing und tanze her und hin,
vom Kindbett bis zur Leich.

Was macht, dass ich so furchtlos bin
an vielen dunklen Tagen?
Es kommt ein Geist in meinen Sinn,
will mich durchs Leben tragen.

Was macht, dass ich so unbeschwert
und mich kein Trübsinn hält?
Weil mich mein Gott das Lachen lehrt
wohl über alle Welt.

Ich bin vergnügt, erlöst, befreit,
Gott nahm in seine Hände meine Zeit,
mein Fühlen, Denken, Hören, Sagen,
im Triumphieren und Verzagen,
das Elend und die Zärtlichkeit.

(Hanns Dieter Hüsch,
Das kleine Buch zwischen Himmel und Erde,
Düsseldorf 2000, S. 4)

spürBuch S. 62

spürSachen verteilen: Bohnen bzw. Parkscheibe

Das Erlöste und Befreite, das Schöne und Gute des Lebens, das gerät uns als Christen manchmal aus dem Blick. Deshalb schenken wir Ihnen jetzt zum Abschluss drei Bohnen. Sie sollen eine Erinnerungshilfe für das Gute in unserem Alltag sein. Stecken Sie die Bohnen in Ihre linke Jacken- oder Hosentasche; und wenn Sie im Lauf des Tages etwas Schönes oder Tröstliches erleben oder etwas, wofür Sie dankbar sind, lassen Sie eine Bohne in die rechte Tasche wandern. So können uns die Bohnen am Ende eines Tages daran erinnern, dass Gott in allem bei uns gewesen ist.

(Falls die Parkscheibe ausgeteilt wurde:
Außerdem kann uns die Parkscheibe im Unterwegssein erinnern, dass Gott uns allezeit, in den Hochzeiten und Tiefpunkten, begleitet.)

Lied
- Geh unter der Gnade, Manfred Siebald
- Meine engen Grenzen, E.Eckert/G.Fleischer.

Einladung Folge 5:
erstaunlich – was in mir steckt.

Segen

PPT 458

Folge 5: erstaunlich
was in mir steckt

Inhalt und Ziele:

In dieser Folge geht es um die Einmaligkeit, die jeden Menschen auszeichnet. Als geliebte Geschöpfe Gottes sind wir zunächst einmal alle beschenkt – mit Zeit, Talenten, Fähigkeiten, Charakter, Erfahrungen und Kreativität. Es ist erstaunlich zu entdecken, was im Menschen steckt!

Doch nicht die „Berühmten" und das „Außerordentliche" stehen im Fokus. Die Impulse und Übungen wollen die Schätze des Alltäglichen heben, und zwar aller Menschen.

Die fünfte Folge hilft, die eigene Kreativität und die persönlichen Gaben zu entdecken.

Dabei steht die Freude an den Entdeckungen an erster Stelle, ohne gleich an einen Nutzen oder eine Verwertbarkeit zu denken.

In einem dritten Schritt wird entfaltet, wie die eigenen Begabungen andere ermutigen, bereichern und beschenken können. Denn schließlich ist es erstaunlich, was in mir steckt!

Didaktisches Raster

Arbeitsschritt	Inhalt	Sozialform	Material	Zeit
0. Vorprogramm	Win-Compilation-Clip	Plenum	Internet, Beamer, Lautsprecher, Notebook	
1. Begrüßung und Einstieg	Vorstellung des Themas	Plenum	PPT: Themenfolie	5 Min
2. Impuls	Es ist zum Staunen, was der Mensch kann	Plenum	PPT spürBuch	10 Min
3. Übung und Austausch	Kreative Lösung: Sitzgelegenheiten zeichnen	Einzelarbeit Partnerarbeit Plenum	Bierdeckel, Stifte, Leine, Klammern	20 Min
4. Zwei Impulse	a) Wo Licht ist, ist auch Schatten b) Begabt durch den Heiligen Geist	Plenum	PPT	15 Min
5. Entdeckungen an einem Bibeltext	Lk 9, 11–17 Speisung der 5000		spürBuch	35 Min
	Schritt 1: Wonach hungern Menschen?	Einzelarbeit Partnerarbeit	Lk 9, 11.12 spürBuch	(10 Min)
	Schritt 2: Meine Gaben entdecken	Einzelarbeit Partnerarbeit	Lk 9, 13.14a Impulsfragen spürBuch	(15 Min)
	Schritt 3 Meine Gaben – und wie sie andere satt machen	Einzelarbeit Tischgruppen	Lk 9, 14b–17 Brot und Fische in Papierform, Stifte	(10 Min)
6. Schlussgedanken	Von der Freude an mir selbst Lied Einladung	Plenum	spürBuch „Sitzgelegenheit", evtl. Schokoriegel „wunderbar" mitgeben PPT: Einladung Folge 6	15 Min

100 Min

0. Vorprogramm

In der Ankommensphase kann ein „Win-Compilation-Clip" vorgeführt werden, der anschaulich und begeisternd zum Thema hinführt (abrufbar auf youtube.com/langweiledich.net per Internet). Der Clip darf aus rechtlichen Gründen nicht gespeichert und dann präsentiert werden. Die Clips ändern sich, das heißt, es ist darauf zu achten, dass der aktuelle Clip passt.

1. Begrüßung und Einstieg (5 Min)

PPT 501

Ich begrüße Sie herzlich zum fünften Abend unseres Nachfolgekurses! Wer bis jetzt durchgehalten hat, der hat spürbares Interesse daran, wie der Glaube ins Leben kommt und es merklich verändert.

Unser Thema für die nächsten 120 Minuten: „erstaunlich – was in mir steckt".

In dieser fünften Folge geht es um die Einmaligkeit des Menschen. Wir wollen heute Abend Entdeckungen machen: Was in mir steckt an Gaben, Möglichkeiten, Erfindungsreichtum, Kreativität. Und wir werden fragen: Wozu hat Gott uns das alles anvertraut? Wo sollen wir das, was in uns steckt, einsetzen? Wem können wir damit nutzen? Nicht zuletzt: Was nutzt es mir selbst, wenn ich über das staune, was in mir steckt?

2. Impuls (10 Min):
Es ist zum Staunen – was der Mensch kann

PPT 502

Das Staunen beginnt mit der Geburt. Überwältigt von einem kleinen Wunderwerk zählen Eltern und Großeltern Finger und Zehen des neuen Erdenbürgers und resümieren: „Schon alles dran."

Mit dem Erwachsenwerden differenziert sich die Menschenwelt. Jetzt setzen uns herausragende Persönlichkeiten und ihre Leistungen ins Staunen: die Sprungkraft in der Leichtathletik, die außergewöhnliche Begabung in einem Schulfach, Redegewandtheit, Charme und vieles andere mehr.

PPT 503

Doch nicht nur einzelne Menschen versetzen uns ins Staunen, es sind die Errungenschaften der Menschheit überhaupt: Heilmittel in der Medizin, die doch noch eine lebensbedrohliche Krankheit abwenden, technisches Gerät, das entweder Tunnel in Berge gräbt und Meere überspannt oder in scheinbar übermenschlicher Präzision Feinarbeit vollbringt. Wer ein aufmerksames Ohr für die neuesten Errungenschaften von Forschung und Technik hat, wird immer wieder Grund zum Staunen haben.

PPT 504

So alt der Drang des Menschen ist, zu forschen und zu entwickeln, so alt ist auch dieses Staunen. Und so kommt es, dass wir seine Spuren bereits in der Bibel finden, z. B. in Psalm 8.

„Herr, unser Herrscher, herrlich ist dein Name auf der Erde!
Deine Herrlichkeit zeigt sich am Himmel,
Kinder und Säuglinge hast du gelehrt, dich zu loben.
Wenn ich den Himmel betrachte
und das Werk deiner Hände sehe –
den Mond und die Sterne, die du an ihren Platz gestellt hast –,
wie klein und unbedeutend ist da der Mensch
und doch denkst du an ihn und sorgst für ihn?
Denn du hast ihn nur wenig geringer als Gott gemacht
und ihn mit Ehre und Herrlichkeit gekrönt.
Du hast ihn über alles gesetzt, was du erschaffen hast,
und ihm Vollmacht über alles gegeben.
Herr, unser Herrscher, herrlich ist dein Name auf der Erde!"
(Ps 8, 1–4. Neues Leben Bibel)

PPT 505

spürBuch S. 66

Dieser Psalm, der Jahrhunderte vor unserer Zeitrechnung entstanden ist, beginnt mit einem Blick in den Sternenhimmel und beschreibt das Gefühl, das uns beschleichen kann angesichts von Millionen kleiner und kleinster Lichtpunkte, Lichtjahre entfernt in einem Universum von unvorstellbarer Größe!

Wer bin ich denn? Was bilde ich mir eigentlich ein auf mein Können und meine Größe? Bin ich nicht winzig und unbedeutend angesichts der Weite des Weltalls?

Doch der Beter des Psalms bleibt dabei nicht stehen. Er weiß nicht nur, dass wir nicht alles sind, er ist sich gleichzeitig gewiss, dass der Herr und Schöpfer dieser Welt dem Menschen eine besondere Aufgabe zugedacht hat. Er betet deshalb weiter:

„Wie klein und unbedeutend ist da der Mensch
und doch denkst du an ihn und sorgst für ihn!
Denn du hast ihn nur wenig geringer als Gott gemacht
und ihn mit Ehre und Herrlichkeit gekrönt.
Du hast ihn über alles gesetzt, was du erschaffen hast,
und ihm Vollmacht über alles gegeben
 – die Schafe und die Rinder und alle wilden Tiere,
die Vögel am Himmel, die Fische im Meer
und alles, was in den Meeren schwimmt.“
(Ps 8, 5–9. Neues Leben Bibel)

Die Worte von Psalm 8 erinnern damit an die Schöpfungsgeschichte in den ersten Kapiteln der Bibel.

Gleich unmittelbar zu Beginn aller Geschichte wird dort den Menschen eine wichtige Aufgabe übertragen: Sie sollen die Erde füllen und über die Tiere und Pflanzen herrschen. Das heißt: Der Mensch ist verantwortlich für deren Wohl. In Gottes Auftrag trägt er für die Welt Verantwortung und wacht über dem Lebensraum von Flora und Fauna.

Indem wir diese Welt gestalten, erfüllen wir also einen Auftrag, den der Schöpfer in uns hineingelegt hat. Dass wir unsere Fähigkeiten dafür einsetzen, dass Leben auf der Erde möglich ist und fortbesteht, das liegt uns, das ist in uns angelegt, das ist in uns hineingelegt – von Gott, unserem Schöpfer.

Anders betrachtet: Worüber wir staunen, ist ein Widerschein unserer Gottesähnlichkeit.

Begabung und die Bereitschaft diese Begabung einzusetzen, sind Geschenke, die wir vom Schöpfer erhalten haben. Das kann sich sehr unterschiedlich äußern:

- wenn ein Kind ganz vertieft im Sand spielt und eine verzweigte Burganlage entwirft,
- wenn sich ein Jugendlicher mit Freunden auf der Skaterbahn austobt,
- wenn sich eine Mutter oder ein Vater liebevolle Gedanken darüber machen, was sie für die Familie heute zum Mittagessen kochen werden,

PPT 506

- wenn Ingenieure einer Entwicklungsabteilung Zeit in die Optimierung einer Maschine stecken,
- wenn eine Pflegekraft im Altenheim sich den Bewohnern widmet,
- wenn Senioren mit Interesse am Leben ihrer Enkel und Urenkel teilnehmen, ihnen zuhören und sie ermutigen.

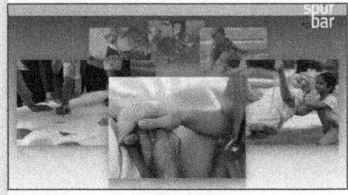
PPT 507

Sie alle ehren den Schöpfer, weil sie leben, wofür sie gemacht sind. Und gleichzeitig erfahren sie sich in einer gewissen Weise ebenfalls als Schöpfer, Erhalter und Lebensspender.

Das heißt: Wir erkennen uns also nicht nur dadurch, dass wir über uns selbst nachdenken und auf eine Erleuchtung warten, gleichsam in den Spiegel schauen und unser Bild betrachten, sondern indem wir uns ausprobieren, indem wir unsere Gaben entdecken und einsetzen. Wenn wir dabei noch im Blick haben, was hilft, ankommt und erfüllt, dann erfahren wir uns als Beschenkte und Berufene, als Geschaffene und Schöpfer zugleich.

Besonders eindrücklich ist dieses Erleben, wenn ein Kind stolz ein Bild aus dem Kindergarten heimbringt, oder ein Bildhauer eine ausdrucksstarke Skulptur gestaltet.

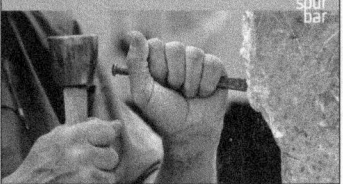
PPT 509

Daneben gibt es allerlei „Kunstwerke", die leider nie als solche eingestuft werden, wie z. B. ein ermutigender Brief, die Dekoration einer Festtafel, ein interessant gestaltetes Wohnzimmer oder die Blumenlandschaft auf dem Balkon.

 **Vielleicht gibt es aktuelle Beispiele, die den Gedankengang illustrieren.**

So vieles wird gestaltet und ist Ausdruck unserer Nähe zu unserem Schöpfer, ob wir sie nun glauben oder leugnen.

Die Bibel nennt diese Nähe des Menschen zu Gott seine Gottebenbildlichkeit und meint damit, dass sich bestimmte Eigenschaften Gottes, wie z. B. die Kreativität, die Schöpferkraft, im Menschen widerspiegeln, wiederfinden, wieder entdecken lassen.

Weil sie in uns angelegt ist, lassen wir uns von Schwierigkeiten (hoffentlich) nicht dauerhaft lähmen, sondern suchen nach Lösungen. Wir müssen nicht nach vorgegebenen Mustern reagieren, sondern gehen mit Phantasie neue Wege, entwickeln uns weiter und treiben auch die Forschung immer weiter.

Selbstverständlich sind wir nicht alle in gleichem Maße und auf dieselbe Weise kreativ und begabt, aber eine gewisse Befähigung, das Leben zu meistern, ruht in jedem von uns. Zur Kreativität gehört aber eben nicht nur die Fähigkeit, Probleme zu lösen, sondern in gleicher Weise das absichtslose Spiel oder die Freude am Gestalten, die Ausgelassenheit beim Sport, das selbstvergessene Musizieren und Singen. In allem klingt etwas von der Begeisterung wieder, die den Schöpfer am Ende erfasste: Siehe, alles sehr gut!

Denn auch das ist etwas, was der Schöpfer mit seinem Geschöpf teilt: die Freude darüber, wenn etwas gelingt. Die Schöpfungsgeschichte der Bibel erzählt uns, dass Gott die Erschaffung der Erde mit einem Feier-Tag krönte. Der siebte Tag der Woche ist also der Ruhetag, an dem Gott voll Freude das betrachtete, was durch sein Wort und unter seinen Händen entstanden war.

Man könnte sagen, dieser Tag ist ein Glückstag. Denn „Glück" hängt sprachlich auch mit dem Wort „gelingen" zusammen. Und was uns gelungen ist, erfüllt uns mit einer tiefen Befriedigung und Freude.

3. Übung: Kreative Lösungen (20 Min)

Für diese Übung benötigen Sie Bierdeckel, Stifte, eine Leine und Klammern.

In Ihnen steckt mehr kreatives Potenzial, als Sie vermuten. Das wollen wir jetzt erproben! Vor Ihnen liegen Bierdeckel und Stifte. Und unsere Bitte an Sie ist jetzt: „Zeichnen Sie eine Sitzgelegenheit auf den Bierdeckel!" Wir hängen Ihr Werk dann hier auf die Leine, damit es alle betrachten können. Haben Sie keine Scheu! Es gibt hier keine Noten!

Skizzieren Sie bitte eine Sitzgelegenheit!

PPT 511

Zeichnen und aufhängen (3 Min).

Ich danke Ihnen.

Für die zweite Runde suchen Sie sich jetzt bitte einen Gesprächspartner, eine Gesprächspartnerin und erzählen Sie sich gegenseitig kurz eine Situation aus dem letzten Jahr, in der es Ihnen richtig gut ging.

War das im Urlaub am Strand? War es, als der Umzug geschafft war? War es das Lesen eines guten Buches? Sie haben jetzt einen Augenblick zum Nachdenken und um sich davon zu erzählen.

Austausch

Für den dritten Teil dieser Übung bitte ich Sie nochmals, zu Stift und Bierdeckel zu greifen und jetzt eine Sitzgelegenheit für Ihren Gesprächspartner und für die Situation zu entwerfen, die er oder sie Ihnen gerade geschildert hat. Auch diese Skizzen hängen wir dann wieder für alle sichtbar auf.

Skizzieren Sie bitte eine Sitzgelegenheit für Ihren Gesprächspartner!

PPT 512

Zeichnen und aufhängen (3 Min).
Entdeckungen benennen ohne zu bewerten!

Auswertung: Wir sind alle kreativ! Es steckt mehr kreatives Potenzial in uns als vermutet. Diese Kreativität wird beflügelt, wenn wir die Menschen in den Blick nehmen (und daran denken, was ihnen nützlich sein könnte, was sie glücklich machen könnte, was ihnen guttäte).

4. Zwei Impulse (15 Min)

a) Wo Licht ist, ist auch Schatten.

Vielleicht sind Sie längst unruhig geworden, und es regt sich der Widerspruch in Ihnen. Denn das Staunen über uns und andere ist ja nicht alles.

PPT 514

Als findige Diebe in Berlin einen langen Tunnel durch die Erde gruben, um die Schließfächer einer Bank auszurauben, staunten die Ermittler wohl über die professionelle Konstruktion des unterirdischen Ganges. Aber deshalb waren trotzdem Menschen beraubt worden. Es waren Verbrecher am Werk gewesen – wenn auch mit viel Phantasie und Kreativität.

Es muss aber nicht erst ein kapitaler Bankraub sein. Vieles ist gut gemeint, aber nicht alles kommt gut an oder geht gut aus. Weltweit werden die Grenzen unseres Handelns am ökologischen Gleichgewicht der Natur sichtbar. Wie oft hat der Eingriff, der als ordnende Hand gedacht war, fatale Folgen!

Und dann sind es in tragischer Weise unsere sogenannten „Schokoladenseiten", die unserem Umfeld bisweilen zu schaffen machen. Die Ordnungsliebe und Pünktlichkeit hat den Hang, zu Pedanterie und Tyrannei auszuarten, Gelassenheit und innere Ruhe neigen zu Bequemlichkeit und einem Leben auf Kosten anderer.

Wir staunen über unsere Begabungen, und zugleich stoßen wir an Grenzen und verursachen Schwierigkeiten. Ja, leider: Der zum Staunen geschaffene Mensch hat auch seine Schattenseiten.

Und wie steht es um die Gaben, die gar nicht erst zur Entfaltung kommen? Biografische Zwänge, der Mangel an Gelegenheiten oder auch an Mut zu gegebener Zeit, aber auch die Dominanz von Mitmenschen lassen Fähigkeiten nicht oder erst spät zutage kommen, die den Eigentümer beglücken und viele andere bereichern könnten.

Und auch wenn es zum Staunen ist, was wir alles können, müssen wir zugeben, dass wir nicht alles können. Und, Sie werden das alle kennen: Ungenießbar wird ein Mensch, der dauerhaft eine Aufgabe ausübt, die ihn überfordert oder ihm einfach nicht entspricht. Denn so, wie es unserem Körper guttut, wenn wir seine Grenzen und Schwächen achten und unseren Lebensstil daran ausrichten, so stärkt es unser Selbstbewusstsein, wenn wir die Grenzen unserer Persönlichkeit wahren.

Ja, es ist kein Zeichen von Schwäche, sondern ein starkes Signal, wenn wir zu unseren Mängeln stehen. Denn es ist der erste Schritt zu erkennen, dass wir einander brauchen.

Unser Körper macht es uns vor. Er funktioniert nur im Zusammenspiel einer Vielfalt von Gliedern. Und er funktioniert nur, weil jedes Teil ganz anders ist als alle anderen.

Also stellen Sie sich mal vor, der Daumen würde streiken, weil er weder Zeigefinger, noch großer Zeh, geschweige denn das Herz des Ganzen ist. Sie könnten nicht mehr greifen, und Schmerzen hätten Sie vermutlich auch.

PPT 515

Die Erfahrung, die unser Körper uns lehrt, ist: Jeder an seinem Platz mit seiner Gabe und Aufgabe ist der beste Beitrag zum Ganzen. Warum also sollte es nicht ein hilfreiches Modell in der Firma, zu Hause oder in der Nachbarschaft sein? Jeder bringt sich mit seinen Fähigkeiten ein – und was der eine nicht kann, übernimmt ein anderer. So wird jeder ein Teil des Ganzen, das ohne ihn gar kein Ganzes ist, sieht auf das, was er kann, fühlt sich gebraucht und angenommen. Gleichzeitig kann er sich an dem freuen, was andere können und übernehmen.

Im 12. Kapitel des 1. Korintherbriefs wird dieses Bild vom menschlichen Körper benutzt, um das Leben in der Gemeinde zu beschreiben: Viele verschiedene Glieder – also viele verschiedene Fähigkeiten, aber ein Leib, ein Ganzes. Nicht alle sind gleich, nicht jeder ist mit dem Gleichen begabt – aber das ist auch gut so, denn nur so können wir uns ergänzen.

Ein anderes Beispiel, nicht aus der Bibel, aber uns allen wohl bekannt, ist ein Orchester: Wenn alle die erste Geige spielen würden, gäbe es kein Orchester. Verschiedene Stimmen, unterschiedliche Instrumente im Zusammenspiel ergeben erst ein Orchester. Keines ist wichtiger, keines weniger wichtig. Die Werke für Orchester sind auch ganz bewusst darauf aufgebaut, dass es viele Musiker gibt mit unterschiedlichen Instrumenten – und außerdem: Nicht jedes Instrument ist für jeden Menschen gleich gut geeignet.

PPT 516

b) Begabt durch den Heiligen Geist

Bisher haben wir uns als kreative Menschen vor allem unter dem Blickwinkel angeschaut, dass wir, weil wir von Gott geschaffen sind, selbst auch etwas von Gottes Schöpferkraft widerspiegeln, wenn wir kreativ sind und die Welt gestalten.

Uns allen ist bewusst: Die Welt ist nicht mehr so, wie sie von Gott in der Schöpfung gemacht war. Wir Menschen haben uns von Gott abgewandt, wir leben meistens so, als gäbe es Gott gar nicht.

In Jesus Christus ist Gott uns nahegekommen und hat sich, seine Art, sein Wesen in einer Deutlichkeit gezeigt, wie sonst nie davor und nie danach.

Und indem Jesus sich den Menschen ausgeliefert hat, hat Gott selbst die Gottlosigkeit durchlitten, bis zum Tod am Kreuz durchlitten – und mit seiner Auferstehung wunderbar überwunden.

Und Gott nimmt uns mit hinein in diese Erneuerungsbewegung. Durch ihn werden wir schon hier Teil seiner neuen Welt. Wer es glaubt, wer es erfahren hat, dass dieser Jesus nicht nur ein gescheiterter Idealist ist, sondern der Erlöser, wer darauf vertraut, dass er von Gott kam, um die Welt aus der Trennung von Gott neu in die Gemeinschaft mit ihm zu führen, der ist neu geboren. In 2 Kor 5, 17 heißt es: „Wer mit Christus lebt, wird ein neuer Mensch. Er ist nicht mehr derselbe, denn sein altes Leben ist vorbei. Ein neues Leben hat begonnen!" (Neues Leben Bibel) Auch an anderen Stellen spricht Paulus immer wieder vom alten Menschen und vom neuen Menschen, vom natürlichen und vom geistlichen Menschen.

Und so werden einerseits unsere natürlichen Gaben verwandelt. Wir glauben, dass Gott uns durch seine Liebe bereit macht, unsere Gaben so einzusetzen, dass sie anderen wohl tun und ihnen helfen. Und dass wir nicht mehr nur auf unseren Vorteil und unseren Gewinn bedacht sind, sondern darauf achten, dass jeder zum Zug kommt.

PPT 517

Darüber hinaus schenkt der Geist Gottes sogenannte geistliche Gaben. Dazu gehört, was die Bibel die „Erkenntnis Gottes" nennt und was man vielleicht mit einem besonderen Einblick in Gottes Willen umschreiben könnte, oder ein Glaube, der mehr wagt als andere. Bis heute gibt es viele Einrichtungen und Werke der Mission und Diakonie, die von Männern und Frauen nur im Vertrauen auf Gott begonnen wurden.

Zur Gabe des Geistes gehört in jedem Fall auch das Gebet. Sie ist allen geschenkt, die sich Gott öffnen. Gleichzeitig gibt es Menschen, die eine besondere Gabe haben, wirkungsvoll für die Heilung von Kranken zu beten. Vieles andere mehr wäre zu nennen. Denn auch diese geistlichen Gaben sind sehr unterschiedlich und zeigen uns, wie kreativ Gottes Geist ist.

Doch allen ist gemeinsam, dass sie Gottes neue Welt ein wenig sichtbarer und erfahrbarer machen. Wer diese Gaben bei sich entdeckt und sie einsetzt, der wird zum Grenzgänger zwischen dieser geschaffenen, irdischen Welt und der Herrlichkeit Gottes. Gottes Liebe und seine Kraft zur Veränderung kommen dadurch in unser Leben und zu den Menschen, denen wir uns zuwenden.

Wir möchten Sie einladen, sich diese Möglichkeiten bewusst zu machen und zu schauen, welche Gaben Gott in Sie hineingelegt hat, was für Sie bereitsteht und entdeckt, entfaltet und gelebt werden will. Wir laden Sie ein, größer zu denken, weiter zu sehen und Gott in ihrem Leben zum Zuge kommen zu lassen. Deshalb sollen Sie jetzt auch wieder aktiv werden.

5. Zeit für Entdeckungen:
Arbeit am Bibeltext von der Speisung der 5000
nach Lk 9,11b–17 (35 Min)

PPT 517

Schritt 1: (10 Min)

Lesen Sie zunächst Lk 9, 11–12.
- Überlegen Sie für sich, wonach es Menschen hungert!
- Der leere Magen ist nur ein Aspekt der Sehnsucht, die wir in uns tragen.

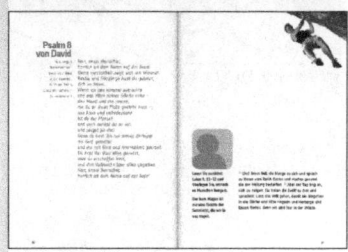

spürBuch S. 67

Suchen Sie sich einen Gesprächspartner oder eine Gesprächspartnerin. Erzählen Sie einander, wem Sie heute begegnet sind oder wen Sie beobachtet haben. Und kommen Sie dem „Hunger" dieser Menschen auf die Spur.

Wonach könnten sich diese Menschen sehnen?
- ein Gespräch mit einem anderen Menschen,
- ein guter Tipp in einer Entscheidungssituation,
- eine Ruhepause im Stress des Alltags,
- Unterstützung bei einer anstehenden Aufgabe?

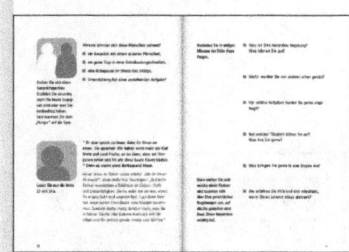

spürBuch S. 68

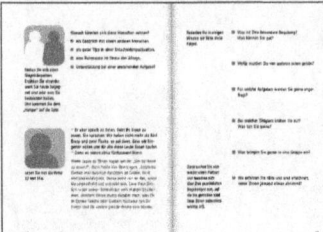

spürBuch S. 68

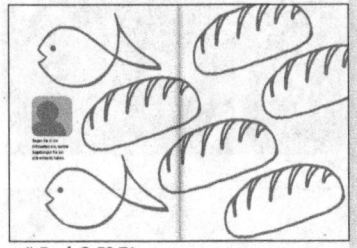

spürBuch S. 70/71

spürBuch S. 72

Schritt 2: (15 Min)

Lesen Sie nun die Verse 13 und 14a.

Wenn Jesus zu Ihnen sagen würde: „Gib du ihnen zu essen", dann hieße das übertragen: „Entdecke deinen wunderbaren Reichtum an Gaben, Kraft und Liebesfähigkeit. Denke nicht nur an das, worin du ungeschickt und ungeübt bist. Lass dein Denken unter keinen Umständen vom Mangel bestimmen. Sondern denke mutig darüber nach, was du in deiner Tasche oder deinem Rucksack mit dir trägst und für andere gerade richtig sein könnte."

Bedenken Sie einige Minuten lang für sich persönlich die folgenden Fragen. Im spürBuch ist Platz für Ihre Notizen.

- Was ist Ihre besondere Begabung? Was können Sie gut?
- Wofür wurden Sie von anderen schon gelobt?
- Für welche Aufgaben werden Sie gerne angefragt?
- Bei welcher Tätigkeit blühen Sie auf? Was tun Sie gerne?
- Was bringen Sie gerne in eine Gruppe ein?
- Wo erfahren Sie Hilfe und sind erleichtert, wenn Ihnen jemand etwas abnimmt?

Dann suchen Sie sich wieder einen Partner oder eine Partnerin und tauschen sich über Ihre persönlichen „Begabungen" aus. Sprechen Sie nur an, was Ihnen besonders ist.

Schritt 3: (10 Min)

Lesen Sie die Verse Lk 9, 14b–17

Und nun tragen Sie die Begabungen, die Sie eben entdeckt haben, zusammen. Vielleicht haben Sie ja bei jeder der sechs Fragen eine persönliche Begabung entdeckt.

Auf den Tischen liegen Blätter, auf denen Brot und Fische abgebildet sind.

Tragen Sie hier ein, was Sie festhalten wollen und betrachten Sie das Ergebnis in Ihrer Tischgruppe. Sie werden merken, dass eine ganze Menge zusammenkommt – Unterschiedliches, Gaben, die sich ergänzen und gegenseitig verstärken. Und mit denen ganz viel gemacht und erreicht werden kann! Meine Gaben können andere „satt" machen.

Vergessen Sie dabei nicht, dass die Jünger immer nur kleine „Tischgruppen" bedient haben, also in überschaubarem Rahmen Brot und Fisch geteilt. Wir können nicht die ganze Welt retten. Aber wir können an einem Ort, bei einem Menschen, in einer Situation einen kleinen Hunger stillen. Überfordern Sie sich also nicht, sondern fragen Sie, wozu Sie Lust haben.

Und noch etwas dürfen Sie nicht vergessen: Die Jünger, die austeilen, gehen nicht leer aus. Von fünf Broten bleiben noch 12 Körbe voll Reste übrig.

6. Schlussgedanken (5 Min)

Ich lade Sie ein, noch mal an den Anfang zurückzukehren. Am Eingang zu dieser Einheit stand der Gedanke, dass unser Leben aus Gottes Hand kommt. Er hat uns wunderbar geschaffen. Alle Menschen – also auch Sie – sind ein Wunderwerk, ein Grund zum Staunen. Das Ziel ist, zu erkennen, was in uns steckt und was durch den möglich ist, der uns mächtig macht, nämlich Christus (Phil 4.13)!

 Im spürBuch ist dieser Gedanke noch einmal aufgenommen, und zwar finden Sie dort folgende Sätze:

Ich weiß, was ich kann, und gehe achtsam mit mir um.
Ich weiß, wer ich bin, kenne aber auch meine Grenzen.
Ich erkenne, dass ich mich Gott verdanke
und ohne ihn nicht wäre. Er ist es, der mich reich beschenkt.
Ich habe Grund zur Freude an mir. Und was ich nicht kann,
überlasse ich getrost anderen.
Mit meinen Begabungen bin ich für andere da.

 Sie haben jetzt einen Augenblick Zeit, über diese Gedanken nachzudenken.

spürBuch S. 73

spürBuch S. 67

Gebet

Psalm 8

Im spürBuch oder auf zwei Folien in der PPT, die Sie freischalten können.

Liedvorschlag

Der Herr segne dich, behüte dich,
lasse sein Angesicht leuchten über dir
und der Herr sei dir gnädig!
Martin Pepper

Verabschiedung

Nehmen Sie als Erinnerung an diesen Abend die für Sie gezeichnete Sitzgelegenheit mit.

Ggf. bekommen alle Teilnehmenden einen Schokoriegel „wunderbar".

PPT 522

Einladung zu Folge 6

gemeinsam – wozu die Kirche gut ist.

Folge 6: gemeinsam
wozu die Kirche gut ist

spur bar

6 gemeinsam
wozu die Kirche gut ist

Inhalt und Ziele:

Die teilnehmenden Personen haben erste, evtl. positive Erfahrungen mit einer Gemeinde gemacht. Möglich ist auch, dass sie bereits eine längere Geschichte mit Kirche und Gemeindeleben haben. Vielleicht stehen sie der Kirche aber auch ausgesprochen kritisch gegenüber.

In der sechsten Folge wird vermittelt, wozu die Kirche da ist, was sie zu einer besonderen Organisation macht, was ihre elementaren Lebensäußerungen sind und welchen Auftrag sie in der Welt und für die Welt hat. Teilnehmerinnen und Teilnehmer erfahren, wozu sie, wenn sie als Christen leben wollen, eine Gemeinde brauchen und wozu die Gemeinde sie braucht. Die Begriffe „Kirche" bzw. „Gemeinde" werden in dieser Einheit synonym gebraucht.

Dabei werden grundsätzliche Aspekte zum Wesen von Kirche, nämlich **Leiturgia** (Gottesdienst), **Martyria** (Zeugnis, Verkündigung), **Koinonia** (Gemeinschaft) und **Diakonia** (Dienst, Barmherzigkeit) in Beziehung gesetzt zu eigenen Erfahrungen mit der Alltagswirklichkeit von Kirche. Die Möglichkeit einer persönlichen Beteiligung bei der Gestaltung von Gemeindewirklichkeit wird aufgezeigt und dazu eingeladen.

Didaktisches Raster

Arbeitsschritt	Inhalt	Sozialform	Material	Zeit
0. Vor-programm	Aspekte von Kirche spielerisch erfahren	Tischgruppen	Ein „Kirchen"-Puzzle pro Tischgruppe	
1. Begrüßung u. Einführung	Einführung ins Thema	Plenum	PPT: Themenfolie	5 Min
2. Thesen mit Meinungsbild	Provokationen zu „Gemeinde" in elf Thesen	Plenum	PPT Daumenkarte	5 Min
3. Arbeit an einem Bibeltext	Apg 2, 42–47 Gemeinde in der Anfangszeit der Kirche	Tischgruppen Gelenktes „Bibel-Gespräch"	spürBuch	30 Min
4. Grundlegendes zum Wesen von Kirche	Einführung: Vier zusammengehörende Grunddimensionen	Plenum	PPT: Kirche als Puzzle-Kreis mit Grunddimensionen	5 Min
	Grunddimension 1: Glauben feiern	Plenum	PPT	5 Min
	Grunddimension 2: Evangelium bezeugen	Tischgruppen Impuls/Gespräch	PPT	10 Min
	Grunddimension 3: Gemeinde als Lebens-, Glaubens- und Dienstgemeinschaft	Plenum	PPT 3	5 Min
	Grunddimension 4: Dienst an der Welt	Tischgruppen Impuls/Gespräch	PPT 4	10 Min
	Abschließende Gesprächsrunde	Tischgruppen	spürBuch	5 Min
5. Vertiefung und Ergebnissicherung	Worauf sollte Gemeinde heute besonderes Gewicht legen?	Einzelarbeit Tischgruppen	Pyramidenbogen spürBuch 4 Karten mitnehmen	35 Min
6. Schlussrunde	Zusammenfassung Lied, Gebet Einladung, Segen		spürSache: Magnet PPT: Einladung zu Folge 7	5 Min
				120 Min

0. Vorprogramm

Vor dem offiziellen Beginn kann ein spielerischer Einstieg ins Thema der Folge 6 mit Hilfe eines Puzzles erfolgen. Teilnehmerinnen und Teilnehmer legen in ihren Tischgruppen ein „Kirchen"-Puzzle. Dabei findet sich die Tischgruppe, gemeinsam wird das Puzzle gelegt, Aspekte von Kirche tauchen ein erstes Mal auf, ihre Zusammengehörigkeit wird erfahren.

Für jede Tischgruppe wird ein Puzzle, z. B. durch einen Fotodienst produziert (s. Checkliste und Spür-Archiv), zur Verfügung gestellt.

1. Begrüßung und Einführung (5 Min)

PPT 601

Schön, dass Sie heute Abend wieder dabei sind! „gemeinsam – wozu die Kirche gut ist" – so lautet diesmal unser Thema. Wie an den zurückliegenden Abenden beschäftigt uns auch diesmal etwas, das unmittelbar mit unserem Christsein zu tun hat: Was hat es eigentlich mit der Kirche auf sich? Wozu ist sie gut?
Wir fragen aber auch persönlich: Bringt es mir etwas, wenn ich in einer Gemeinde zu Hause bin? Und wozu braucht die Gemeinde mich?

Warum kann diese sechste Folge für Sie interessant sein? Vielleicht haben Sie bereits gute Erfahrungen mit einer (Kirchen-)Gemeinde gemacht. Vielleicht ist auch das genaue Gegenteil der Fall! Oder Sie stehen der Kirche und allem Christlichen eher kritisch gegenüber.

In den folgenden 120 Minuten geht es um das Geheimnis, die Aufgabe und die Rolle der Kirche oder Gemeinde. Wir benutzen beide Begriffe für dasselbe (auch wenn Theologen sie manchmal unterscheiden). Wir werden auch der Frage nachgehen, warum es gut sein kann und gut tun kann, in einer Gemeinde zu Hause zu sein, vielleicht sogar mitzuarbeiten. Und inwiefern eine Gemeinde oder einzelne Gruppen einen wertvollen Beitrag leisten können, um gemeinsam Gottes Anliegen in dieser Welt nach vorn zu bringen.

2. Annäherungen: Elf Thesen zu „Gemeinde" mit Meinungsbild (5 Min)

Mit PPT visualisiert werden elf provokante Thesen aufgerufen und per Daumenkarte mit „Ja" oder „Nein" bewertet. Referent/in kommentiert Trends, Auffälligkeiten, Stimmung etc.

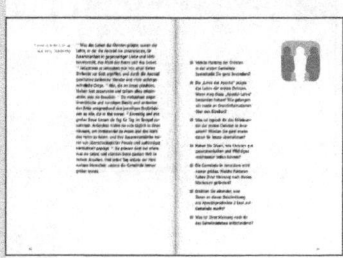

Wer Freunde hat, braucht keine Gemeinde.

PPT 602 bis 613

Elf Provokationen:

Wir haben elf Aussagen zur „Gemeinde" vorbereitet, zugegebenermaßen elf Provokationen. Wir möchten Sie bitten, mit Ihrer Daumenkarte zu signalisieren, ob Sie dem zustimmen oder nicht. Folgende Aussagen stehen zur Abstimmung:

1. Wer Freunde hat, braucht keine Gemeinde.
2. Man kann auch ohne Kirche Christ sein!
3. Die Ortsgemeinde ist die Hoffnung der Welt!
4. Geschwister sucht man sich nicht aus …
5. Das Wort „gemein" steckt zu Recht in „Gemeinde" …
6. An der Liebe untereinander wird man euch erkennen!
7. Die Pfarrerin ist die Chefin der Gemeinde!
8. Die Gemeinde soll sich aus der Politik heraushalten!
9. Hauptsache, ich fühl' mich in der Gemeinde wohl!
10. Gemeinde ist auch nur ein Verein wie viele andere.
11. Unserem Ort würde nichts fehlen, wenn es die Gemeinde nicht gäbe.

3. Eine biblische Grundlage legen (30 Min)

Wenn wir fragen, was die Kirche zur Kirche macht und wozu sie gut ist, dann geben uns Texte aus dem Neuen Testament hilfreiche Anstöße. In der Apostelgeschichte z. B. werden die Anfänge der Kirche beschrieben. Manches davon ist auch für uns wichtig, wenn wir heute fragen, was das Besondere von Kirche sei.

Sie finden den Text, Apg 2, 42–47 in Ihrem spürBuch. Dort ist auch Platz für eigene Notizen, vor allem sind dort die Fragen abgedruckt, die Sie in ihrer Tischgruppe besprechen können.

Die Gesprächsleiter/innen müssen die Impulse und Fragen kennen.

spürBuch S. 76

In den Tischgruppen wird der Text Apg 2, 42–47 (NGÜ) gemeinsam gelesen. Die Gesprächsleiter/innen orientieren sich an den Impulsen und Fragen im spürBuch.

Impulse und Fragen:

- Welche Haltung der Christen in der ersten Gemeinde beeindruckt Sie ganz besonders?

- Die „Lehre der Apostel" prägte das Leben der ersten Christen. Worin mag diese „Apostel-Lehre" bestanden haben? Wie gelangen wir heute an Grundinformationen über den Glauben?

- Was ist typisch für das Miteinander der ersten Christen in Jerusalem? Würden Sie gern etwas davon für heute übernehmen?

- Haben Sie Ideen, wie Christen gut zusammenhalten und Wichtiges miteinander teilen können?

- Die Gemeinde in Jerusalem wird immer größer. Welche Faktoren haben Ihrer Meinung nach dieses Wachstum gefördert?

- Erzählen Sie einander, was Ihnen an dieser Beschreibung aus Apostelgeschichte 2 Lust auf Gemeinde macht.

- Was ist Ihrer Meinung nach für das Gemeindeleben entscheidend?

4. Grundlegendes zum Wesen von Kirche (40 Min)

Einführung (5 Min)

Dieser sechste Abend unseres Nachfolgekurses „spürbar: glauben. leben." will uns vor Augen führen, was es mit der Kirche auf sich hat. Wir beschäftigen uns also z. B. mit der Frage, wozu die Kirche wichtig ist, wie sie sich von anderen Organisationen unterscheidet, was ihr Eigentliches und was ihr Geheimnis ist. Natürlich geht es auch darum, was es für mich bedeuten kann, mich am Gemeindeleben zu beteiligen.

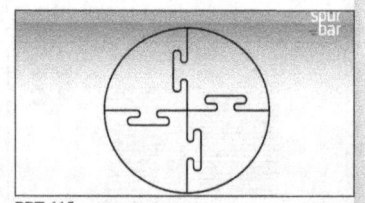

PPT 615

Wovon reden wir, wenn wir von „der Kirche" oder „der Gemeinde" sprechen?

Der Begriff „Kirche" ist so etwas wie ein Sammelbegriff. Mit ihm wird das große Ganze bezeichnet, also z. B. die evangelische oder die katholische Kirche. Das Wort Kirche steht für die Evangelische Kirche in Deutschland, aber auch für die sogenannten Landeskirchen oder die Ortskirche. (Wir hier gehören z. B. zur ... Landeskirche. Unsere Gemeinde ist die Evangelische Kirchengemeinde NN.)

Uns bewegt heute Abend an erster Stelle die Gestalt der Kirche, die wir als Gemeinde kennen, also das Miteinander von Menschen als Christen oder am Christsein Interessierte. Im Neuen Testament werden die Begriffe, die wir mit Kirche und Gemeinde übersetzen, sowieso noch nicht unterschieden.

Eben haben wir einen Text aus Apostelgeschichte 2 miteinander gelesen und besprochen. Dabei sind uns bereits einige wichtige Aspekte begegnet, die das Wesen von Kirche ausmachen.

Es ist nicht ohne Weiteres möglich, aus der Bibel so etwas wie eine Lehre von der Kirche herauszulesen. Im Neuen Testament selbst finden wir keine ausgefeilte Darstellung von Gemeinde, eine Art Blaupause, einen fertigen Bauplan für die Kirche. Das ist auch nicht verwunderlich. Zu der Zeit, als das Neue Testament geschrieben wurde, sind die Gemeinden ja gerade erst entstanden. Und das in großer Vielfalt und Unterschiedlichkeit, je nach Ort und Umständen.

Wenn man die Evangelien und die Briefe des Neuen Testaments liest, entdeckt man aber Grundlinien, die zeigen, was wichtig ist, wenn man verstehen will, was es mit der Kirche auf sich hat.

Zum Wesen von Kirche gehören vier Grunddimensionen. Diese vier Dimensionen sind konstitutiv. Sie machen Kirche aus. Keine darf fehlen oder zu einseitig betont sein.

Deshalb haben wir die Kirche als einen Puzzle-Kreis gestaltet. Wenn eine Dimension fehlt, nicht seinen Platz hat, dann ist das Ganze keine runde, vollständige Sache mehr.

 **Ggfls. Verweis auf Kirchenpuzzle im Vorprogramm.**

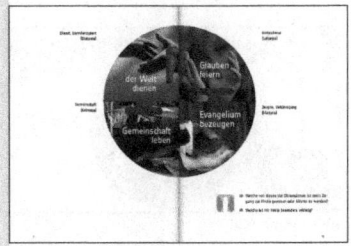

spürBuch S. 78/79: Raum für Notizen

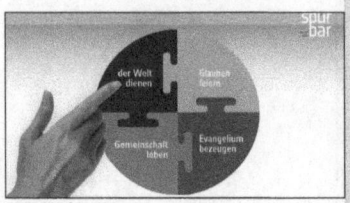

PPT 616 bis 620

PPT Darstellung der vier Segmente aufeinander aufbauend.

- Glauben feiern
- Evangelium bezeugen
- Gemeinschaft leben
- Der Welt dienen

Alle vier Segmente bringen zum Ausdruck, was die Gemeinde macht und was sie ausmacht. Und was sie so wertvoll macht! Ohne hier schon in die Einzelheiten zu gehen, kann man Folgendes sagen:

Die Kirche ist ein Ort, wo der Glaube entdeckt und gelebt werden kann, z. B. in ansprechenden Gottesdiensten und kleinen Gruppen, in ersten Schritten im Glauben und in der Mitarbeit.

Die Kirche ist ein Ort, der Heimat sein will und kann. Hier findet man Freunde und Hilfe, wenn man sie braucht oder ist umgekehrt für andere da, wenn sie einen brauchen.

Die Kirche ist ein Ort, den es nicht um seiner selbst willen gibt. Kirche darf sich nicht nur um sich selber drehen. Als Bodenstation Gottes ist sie zuständig dafür, dass Menschen durch sie erfahren: Gott hat Interesse an ihnen. Kirche setzt sich für die Belange und Nöte dieser Welt ein, für gerechte und menschenwürdige Verhältnisse. Dazu kommen an diesem Ort auch die Begabungen jedes und jeder Einzelnen ins Spiel.

Im Folgenden wollen wir uns mit diesen vier biblisch-theologischen Grunddimensionen von Gemeinde beschäftigen. Zwei stelle ich Ihnen vor, zwei wollen wir in Gruppengesprächen erarbeiten.

Eigentlich ist es egal, mit welchem der vier Hauptaspekte wir beginnen. Sie sind je gleich wichtig. Keiner darf fehlen. Wir fangen aber mit einem Gesichtspunkt an, der vorrangig mit Kirche in Verbindung gebracht wird:

Grunddimension 1: Glauben feiern (Leiturgia) (5 Min)

PPT 621

Hier steht vor allem der Gottesdienst der Gemeinde im Vordergrund.

Gottes-Dienst ist ein Wechsel-Spiel. In der gemeindlichen Vollversammlung zur Ehre Gottes dient Gott uns. Gott ist für uns da. Die Predigt gibt dem Glauben Profil und Ausrichtung, der Segen am Ende des Gottesdienstes gibt uns Gewissheit und Klarheit, worauf wir uns im Alltag verlassen können. Er beschenkt uns, indem er uns Anteil gibt an seinem Tisch in Brot und Wein – also beim Abendmahl, aber auch indem er uns Menschen schenkt, die er beim Namen gerufen hat (Taufe), und die füreinander wichtig sind. Gott dient uns, und wir dienen Gott durch unsere Aufmerksamkeit und Anwesenheit, durch unsere Gebete, das Singen und das aufmerksame Hören auf sein Wort.

In der Gemeinde spielt das Glaubensthema eine herausgehobene Rolle. Hier werden Menschen zum Glauben an den dreieinigen Gott eingeladen, hier wird viel unternommen und angeboten, damit Menschen Tiefgang im Christsein bekommen.

An dieser Stelle wird bereits deutlich, dass die biblisch-theologischen Grunddimensionen untereinander verknüpft sind. Glauben feiern hat immer auch mit dem nächsten Aspekt zu tun, der Einladung zum Glauben.

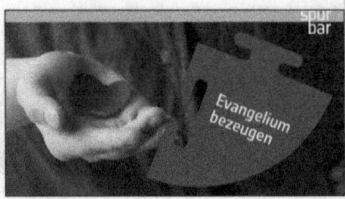

PPT 622

Grunddimension 2: Evangelium bezeugen (Martyria) (10 Min)

PPT Segment 2 + Gesprächsimpuls für die Erarbeitung in Tischgruppen. Die zweite Grunddimension wird mit Hilfe des folgenden Gesprächsimpulses (PPT) in den Tischgruppen erarbeitet. Alternativ kann dazu auch die (versteckte) Folie mit einem Zitat von Prof. Jüngel, EKD-Synode 1999, eingesetzt werden.

Das Beste, was die Kirche zu bieten hat, ist der Glaube. Deshalb ist es ausgesprochen wichtig, das Evangelium bekannt zu machen und zum Glauben einzuladen.

PPT 623 oder 624

Impuls

„Das Beste, was die Kirche zu bieten hat, ist der Glaube. Deshalb ist es ausgesprochen wichtig, das Evangelium bekannt zu machen und zum Glauben einzuladen."

● Wie sehen Sie das?
● Haben Sie selbst Kirche so erlebt?

Grundinformation für die Gesprächsleiter

Der Grundauftrag der Kirche und eines jeden Christenmenschen ist es, Christus zu bezeugen und zum Glauben einzuladen (Martyria). Die Kirche ist eine Verantwortungsgemeinschaft zur Weitergabe des Evangeliums. Gemeinde ist immer, das ist ihr Wesen, missionarisch aktive Gemeinde.

Mission also gehört zum Atemrhythmus von Kirche und Christen selbstverständlich dazu. Eine Gemeinde, die nicht auch den Glauben weiterträgt, ist wie ein Mensch, der nur (geistlich) einatmet, aber dabei das Ausatmen vergisst. Wir empfangen nicht nur das Heil von Christus, sondern wir bezeugen es auch den Menschen, mit denen wir zu tun haben. Deshalb ist es wichtig, dass Christinnen und Christen sprach-, aber auch auskunftsfähig und -willig im Blick auf ihren persönlichen Glauben sind.

„Gehet hin und machet zu Jüngern alle Völker" – so lautet der Grundauftrag, den Jesus seiner Kirche gegeben hat (Mt 28, 18–20).

Grunddimension 3: Gemeinschaft leben (Koinonia) (5 Min)

PPT 625

Der Mensch ist ein soziales Wesen. Erst am Du wird der Mensch zum Ich (M. Buber). Darum ging es ja schon in der ersten Einheit unseres Seminares. Darum ist es für Christen so wertvoll und wichtig, in einer Gemeinde zu Hause zu sein. Gemeinde ist, recht verstanden und recht gestaltet, ein tragfähiger sozialer Raum. Man kennt sich, ist füreinander da, Freud und Leid werden geteilt; praktische Hilfe und Fürbitte gehören dazu.

Die Gemeinde ist, um ein Bild zu gebrauchen, mit einem Biotop zu vergleichen. Ein Biotop ist ein Ort zum Leben, ein Ort, wo Leben zur Entfaltung kommen kann. Das will und das soll christliche Gemeinde sein: tragfähige, hilfreiche, erfreuliche Gemeinschaft.

Menschen sind verlässlich an meiner Seite. Ich bin verlässlich für andere da. Die Zusammengehörigkeit von Schwestern und Brüder wird im Abendmahl sichtbar und erlebbar. Gemeinde ist gerade nicht nur ein Sonntags-, sondern auch ein Alltagsort. Das Miteinander von Christen, von Männern und Frauen, erleben wir als Lebensgemeinschaft, aber auch als Dienstgemeinschaft.

Die Gemeinde lebt von den Gaben und Begabungen aller Glieder. Deshalb gehört zum Gemeindeleben dazu, dass Menschen ihre Gaben entdecken und einbringen können. Mitarbeit aller in der Gemeinde ist normal und wird gefördert. Für das Neue Testament ist jeder Christ auch ein Mitarbeiter, eine Mitarbeiterin. In der Bibel wird von dem Priestertum aller Glaubenden gesprochen. Martin Luther hat dann in der Reformation dieses besonders betont. Jeder Christ – ein Priester. Jeder Christ – ob Mann oder Frau – ein begabtes Glied der Kirche Jesu. Das gehört elementar zum evangelischen Selbstverständnis.

Gemeinschaft leben, die beschenkt, aber auch in Anspruch nimmt, die aus Geben und Nehmen besteht, fordert Gemeinden immer heraus, nicht nur das große Ganze, z. B. die gottesdienstliche Veranstaltung im Blick zu haben, sondern immer auch in den bergenden Raum, die kleine Gruppe, das persönliche Netzwerk, z. B. als Hauskreis zu investieren.

PPT 626

Grunddimension 4: Dienst an der Welt (Diakonia) (10 Min)

 PPT Segment 2 + Gesprächsimpuls für die Erarbeitung in Tischgruppen.

Dieser letzte Aspekt hat ein eigenes Gewicht und besondere Bedeutung. Viele Christen denken, beim Glauben ginge es darum, persönlich besser „über die Runden zu kommen". Darum geht es auch. Und auch manche Gemeinden kreisen in ähnlicher Weise vor allem um sich selbst. In der Bibel aber geht es auch um ein weltzugewandtes Christentum, um den missionarisch-diakonischen Dienst an der Welt.

Impuls
„Gott will uns an seiner Leidenschaft für die Welt beteiligen."

Entwickeln Sie in Ihrer Gruppe Ideen, wie das aussehen könnte.

PPT 627

Grundinformationen für Gesprächsleiter
Der Glaube ist immer persönlich, aber er ist nicht privat. Gott hat sich seine Kirche erwählt, damit sie der Welt diene. Dazu gehören sowohl die Verkündigung des Evangeliums als auch die Einflussnahme für bessere und gerechtere Verhältnisse, die Bewahrung der Schöpfung, das sozialpolitische Engagement, die Übernahme von gesellschaftlicher Verantwortung. Dienst an der Welt heißt, sich einzumischen, Prozesse zu beeinflussen, eine dienende Kirche zu sein, den Nachbarn mit seinen Sorgen und Nöten im Blick zu haben, Weltverantwortung zu übernehmen.

Nicht zuletzt gehört dazu, in ethischen Fragen gut informiert zu sein, glaubwürdig zu votieren und zu handeln. Was dabei zu bedenken ist, war ja schon Thema des dritten Abends/der dritten Folge.

PPT 628

Abschließende Gesprächsrunde in Tischgruppen
s. spürBuch S. 79 (10 Min)
- Welche von diesen vier Dimensionen ist mein Zugang zur Kirche gewesen oder könnte es werden?
- Welche ist mir heute besonders wichtig?

5. Vertiefung und Ergebnissicherung (35 Min)

 Teilnehmerinnen und Teilnehmer legen eine Pyramide zur Frage „Worauf sollte Gemeinde heute besonderes Gewicht legen?"

 Die folgende Methode eignet sich auch als Alternative zu „4. Grundlegendes zum Wesen von Kirche." Die Methode „Prioritätensetzung mit Hilfe einer Pyramide" bietet sich immer dann an, wenn aus einer Vielzahl von Möglichkeiten eine Rangfolge entwickelt werden soll. Ihre Dynamik entwickelt diese Methode durch die Diskussion unterschiedlicher Lösungsansätze, evtl. auch so, dass zu zweit oder zu mehreren gemeinsam eine Pyramide gestaltet wird.[29]

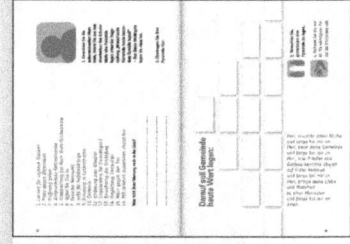

spürBuch S. 80/81

optional: PPT 630

 Die Schritte werden der Reihe nach vorgestellt und finden sich als Anleitung im spürBuch.

Schritte: Pyramide legen zur Frage:
„Worauf sollte Gemeinde heute besonderes Gewicht legen?"

 1. Runde: Persönliches Ranking als Pyramide legen (10 Min). Dazu dient der perforierte Pyramidenbogen. Ein Abbild der Pyramide ist im spürBuch abgebildet. Fehlende Aspekte können in die leeren Felder geschrieben werden.

 2. Runde: Zweiergespräch und Verständigung auf eine gemeinsame Pyramide (10 Min) (kann aus Zeitgründen wegfallen)

 3. Runde: Ergebnisse in den Tischgruppen wahrnehmen und diskutieren (10 Min)

 4. Runde: Persönliche Ergebnissicherung im spürBuch (mit Datum): Wie sieht am Ende meine persönliche Pyramide aus? (5 Min)

---

29 Vgl. Arbeitsgemeinschaft Missionarische Dienste/Gemeindekolleg (Hg.), GemeindeEntwicklungsTraining, Göttingen 2008, 103f.

5. Die Felder mit Aspekten, die mir besonders wichtig sind, lege ich zur Erinnerung in die Aufbewahrungstasche des spürBuches.

Stichworte für Pyramide:

- Lernort für eigenen Glauben
- Platz gegen Einsamkeit
- Ansprechende Gottesdienste
- Ausstrahlung für Noch-Nicht-Kirchenleute
- offen für Starke
- Soziales Netzwerk
- Hilfe für Hilfsbedürftige
- Hoffnung geben
- Beratung in Lebensfragen
- Diakonie
- Einladung zum Glauben
- Engagement für Gerechtigkeit
- Bewahrung der Schöpfung
- Begleitung Trauernder
- Wort gegen den Tod
- mit anderen zusammen etwas tun
- Leerkarten zum persönlichen Beschriften (Drei Joker-Karten)

6. Schlussrunde (5 Min)

 Moderator/in fasst wichtige Aspekte und Ergebnisse des Abends zusammen, z. B. wie wertvoll und wichtig das Zusammenspiel der vier Dimensionen ist.

 spürSache: Teilnehmende bekommen zur Erinnerung einen Kühlschrankmagnet mit den vier Dimensionen von Kirche ausgehändigt.

Lied
Gut, dass wir einander haben, Manfred Siebald.

Gebet

Herr, erwecke deine Kirche
und fange bei mir an.
Herr, baue deine Gemeinde
und fange bei mir an.

Herr, lass Frieden und Gotteserkenntnis
überall auf Erden kommen
und fange bei mir an.

Herr, bringe deine Liebe und Wahrheit
zu allen Menschen
uns fange bei mir an. Amen.

Einladung zu Folge 7
spirituell – alle Tage Gott

optional: PPT 631

Folge 7: spirituell
alle Tage Gott

Inhalte und Ziele

In dieser Folge wird es darum gehen, wie wir Gott in unserem Alltag Raum geben können. Die Beziehung zu Gott soll ja nicht etwas für eine Stunde am Sonntagmorgen bleiben, sondern auch am Montagfrüh und dann die ganze Woche noch relevant sein. Gott will mitgehen auf unserem Lebensweg, und wir wollen nach Gottes Weg für unser Leben fragen.

Vor allem das Beten entdecken wir in dieser Einheit ganz neu: Es ist nicht mehr etwas, das die Pfarrerin oder der Pfarrer für uns macht, und wir hören nur zu. Wir entdecken Beten als alltägliches, persönliches Gespräch mit Gott – so wie mit einem guten Freund.

Wir werden sehen: Das ist kein Zusatzprogramm, keine fromme Pflichtübung. Sondern etwas Befreiendes, Selbstverständliches. Und manch einer wird sich sagen: Damit hätte ich eigentlich schon lange beginnen können.

In einem ersten Gedankengang werden wir entdecken, wie Gott in allem, was wir tun, dabei ist und wie das unser Leben stark und fröhlich machen kann.

In einem zweiten Gedankengang wollen wir neben all unserem Tun Gott einen besonderen Platz einräumen. Dabei werden wir entdecken, wie das ausstrahlt in alle Bereiche unseres Lebens.

Didaktisches Raster

Arbeitsschritt	Inhalt	Sozialform	Material	Zeit
1. Begrüßung u. Einstiegsimpuls	Alle Tage Gott	Plenum	PPT-Einsatz: optional FlipChart, Stifte	15 Min
2. Übung	Atemgebet	Plenum	spürBuch	3 Min
3. Impuls	„Betet ohne Unterlass"	Plenum		5 Min
4. Übung	Ein normaler Tag mit Jesus	Einzelarbeit (Tischgruppen)	spürBuch	15 Min
5. Impuls	Einschlafen und Aufwachen mit Jesus	Plenum		5 Min
6. Klärungen	Alltag mit Jesus bestreiten	Tischgruppen	spürBuch	15 Min
7. Übung	Beten (lernen) mit vorgegebenen Gebeten	Einzelarbeit Dreier-Gruppe	Sammlung von Gebeten: spürBuch	12 Min
8. Impuls	Gott einen besonderen Platz einräumen	Plenum	spürBuch FlipChart, Stifte evtl. Bibeln	15 Min
9. Übung	Mt 14, 22.23	Tischgruppe	spürBuch	20 Min
10. Abschluss	Erläuterung Gott-Alltag-Karte Einladung zum Abschlussgottesdienst Lied, Gebet	Plenum	spürBuch spürSache: „Gott-Alltag-Karte"	10 Min
				115 Min

1. Begrüßung und Einstiegsimpuls: Glaube im Alltag (15 Min)

optional: PPT 701

Optional kann die Folge 7 ganz auf den Einsatz von Beamer und PPT verzichten. Die entsprechenden Folien sind aber vorhanden (s. spürArchiv).

Herzlich willkommen zur siebten Folge von „spürbar: glauben. leben". Unser Thema heute Abend ist „spirituell – alle Tage Gott". In dieser Folge wird es darum gehen, wie wir Gott in unserem Alltag Raum geben können. Die Beziehung zu Gott soll sich ja nicht auf eine Stunde am Sonntagmorgen im Gottesdienst beschränken, sondern auch am Montag und dann die ganze Woche noch von Bedeutung sein.

Vor allem das Beten entdecken wir in dieser siebten Folge ganz neu. Beten, nicht als Zusatzprogramm, als fromme Pflichtübung, sondern als etwas Alltägliches, Befreiendes und Selbstverständliches.

Die Sehnsucht danach, im konkreten Alltag etwas mit Gott zu erleben, ist heute bei vielen Menschen groß. Und manch einer hat schon einiges ausprobiert, um das dann auch wirklich zu erfahren. Dabei schwanken Menschen zwischen Extremen:

Sie erwarten ihn im Außergewöhnlichen, in der absoluten Sensation. Aber weil manchmal viele Jahre oder gar ein ganzes Leben ohne absolute Sensationen herumgehen, ist auf einmal alles vorbei und man sagt sich: Von Gott habe ich eigentlich nie etwas gespürt.

Oder die Menschen erwarten Gott durch eigene religiöse Anstrengung. Dann nimmt man sich den Glauben vor wie ein Fitnessprogramm, lässt sich irgendwelche Übungen empfehlen. Manchmal geht das ja wie beim Sport eine ganze Weile gut ...

Aber das richtige Leben besteht aus mehr als aus Übungen und frommen oder sportlichen Programmen. Wir wollen ja keine geistlichen Trainingsweltmeister werden. Und es geht auch um mehr als um Sensationen aus der Abteilung himmlische Spezialeffekte. Es geht um den ganz normalen Alltag. Und deswegen wird es in dieser Folge zunächst darum gehen, wie wir mit Gott im Alltag leben und einen Tag gestalten können.

Ein Freund von mir, sieben Jahre älter als ich, kam vom Arzt zurück mit der niederschmetternden Diagnose: „Sie müssen mehr Sport machen!" – „Ich habe keine Zeit", war seine Antwort, „verschreiben Sie mir lieber ein Medikament." Aber der Arzt ließ nicht locker. Und er hatte eine gute Idee: Statt Fitness-Studio und Lauftreff ist er mit meinem Freund den Alltag durchgegangen, einen ganz normalen Tag und hat unendlich viele alltägliche, schöne, praktische Möglichkeiten gefunden, sich mehr zu bewegen.

Ich möchte Ihnen empfehlen, etwas Ähnliches auch im Blick auf den Glauben auszuprobieren:

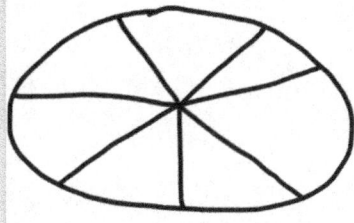

 **Die folgenden Darstellungen sind ausgesprochen einfach! Zeichnen Sie ein Tortendiagramm auf die Flip-Chart (Kreis, etwas oval. Und fügen Sie die einzelnen Stücke ein).**

Wir haben unser Leben in viele verschiedene Bereiche aufgeteilt – wie eine Torte mit einzelnen Stücken. Arbeiten, Schlafen, Freizeit, Familie, Hobbies, Fitness.

Die richtige Balance zu finden ist ganz schön schwierig. Und jetzt soll noch ein Stück „Glaube" dazukommen? Ist das nicht ziemlich anstrengend, sich in dem Alltagsstress auch noch Zeit dafür freizuschaufeln? Zeit für Gottesdienst, fürs Beten, zum Lesen der Bibel?

Bleiben wir mal einen Moment bei dem Bild „Torte". Stellen Sie sich Ihr Leben vor als Ihre Lieblingstorte. Zum Beispiel als eine schöne „Schwarzwälder-Kirsch"-Torte.

Der Glaube ist nicht nur ein Stück wie alle anderen – sondern wie die Schicht Kirschen, die die ganze Torte durchdringt. Jedes einzelne Stück. Überall sind auch Kirschen. Egal wie groß oder klein das Stück ist.

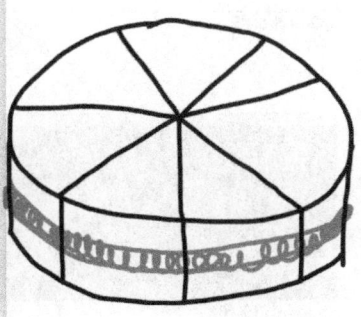

 **Ergänzen Sie den Kreis mit senkrechten Linien am Rand und bei den Stücken, dazu den „Torten-Boden" und mit roter Farbe die „Kirschen".**

Denken Sie einmal darüber nach, wie es wäre, wenn Sie einen ganz gewöhnlichen Tag Ihres Lebens leben, mit all den Dingen, die Sie normalerweise auch tun – aber diesmal „durchdrungen" von Gott. Was wäre, wenn Sie einen Tag lang arbeiten, essen, schlafen, sich verabreden, alles so wie immer – aber mit einem Unterschied: Sie tun es mit Gott. In dem Bewusstsein, dass Jesus in jedem dieser Augenblicke wie ein unsichtbarer Freund mit dabei ist. Kein „big brother" – stellen Sie ihn sich als die Freundin, den Freund vor, die oder den Sie spontan anrufen würden, wenn es etwas Wichtiges zu besprechen gibt.

Jesus also aus den „besonderen" Zeiten, etwa am Sonntagmorgen, herausholen, seine Hand nehmen und mit ihm in den Alltag gehen. Mit ihm herausbekommen, was wirklich gut und wichtig ist für mich, wer mich aufrichtig liebt und wer mich nur ganz gut gebrauchen kann. Mit Jesus im Gespräch zu sein in einer bestimmten Situation – und in einem anderen Moment von ihm das Gespür dafür geschenkt bekommen, was jetzt zu tun oder zu sagen wäre. Mit ihm gemeinsam dann abends auf den Tag zurückblicken, sich über vieles in Gottes Namen freuen und das Ärgerliche und Peinliche, was mir passiert ist, in seine Hände legen. Damit es mir nicht den Schlaf raubt.

So können wir mit Gott bzw. Jesus ständig im Kontakt sein: Wir können sozusagen „betend" durch unseren Alltag gehen.

2. Übung: Atemgebet (3 Min)

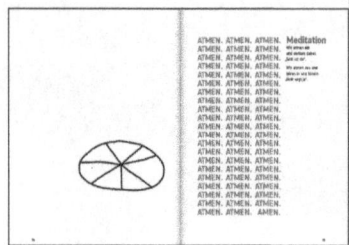

spürBuch S. 85

Stellen Sie sich einmal vor: Beten ist wie Atmen. Mit jedem Atemzug können wir beten. Lassen Sie uns in einer kleinen Übung ein bis zwei Minuten tief durchatmen. Wir lassen zunächst unseren Atem einfach kommen und gehen ... Dann spüren wir beim Ein- und Ausatmen nur wenigen Worten nach:
- *Wir atmen ein* und denken dabei: *„Gott ist da"*.
- *Wir atmen aus* und hören in uns hinein: *„Gott sagt ja"*.
Mehr Worte braucht es nicht.

3. Impuls: „Betet ohne Unterlass" (5 Min)

optional: PPT 709

Treffen sich zwei Mönche, ein Jesuit und ein Franziskaner. Beide leidenschaftliche Raucher. Es fällt ihnen deshalb schwer, während der häufigen Gebetszeiten das Rauchen einzustellen. Nach einem Gespräch in einer heimlichen Raucherecke beschließen sie, ihre Oberen zu fragen, ob man nicht doch beim Beten rauchen dürfe. –

Beim nächsten Treffen erzählt der Franziskaner mit betrübter Miene: „Keine Chance, absolutes Rauchverbot beim Beten, sagt mein Chef."

Der Jesuit strahlt: „Ich hatte mehr Glück."- „Wie hast du das geschafft?", fragt der Franziskaner. „Nun", antwortet der Jesuit, „ich sagte: Mein lieber Oberer, manchmal, wenn ich mir meine

Pfeife angesteckt habe, überkommt mich ein unbändiges Verlangen zu beten. Muss ich mit dem Gebet warten, bis die Pfeife erloschen ist?"

Genau das meint Paulus, wenn er sagt: „Betet ohne Unterlass!" (1Thess 5, 17). Wartet nicht, bis die Pfeife erloschen, die Kinder im Bett, der Ehemann pensioniert ist. Betet jetzt gleich, mitten im ganz normalen Chaos eures Alltags, ein Stoßgebet, ein Seufzer, ein Jubelschrei für Gott, ein Suchen nach seiner Hand. Haltet nicht die Luft eurer Seele an, lasst sie Heiligen Geist atmen, den Sauerstoff der Liebe Gottes, atmet dieses Glück ein und den Schmerz aus, jede Minute eures Lebens. Denn seht mal, sagt Jesus, ich bin bei euch alle Tage eures Lebens.

4. Übung: Ein ganz normaler Tag mit Jesus (20 Min)

 Gehen Sie einmal für sich in der Stille einen ganz normalen Tag Ihres Lebens durch, den Tag gestern etwa (5 Min). Fragen Sie sich dabei, in welchen Momenten Sie in Gottes Namen aufatmen oder mit Jesus die Dinge in neuem Licht sehen könnten.

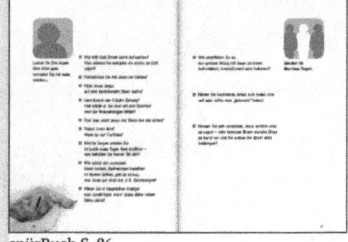
spürBuch S. 86

Die folgenden Fragen sollen Ihrer Phantasie dabei ein wenig helfen. Manche sind eher zum Schmunzeln. Aber das bringt einen ja auch oft auf gute Gedanken.

● Wie hilft Gott Ihnen beim Aufwachen?
  Was würden Sie morgens als Erstes zu Gott sagen?
● Frühstücken Sie mit Jesus im Stehen?
● Hätte Jesus Angst auf dem Beifahrersitz Ihres Autos?
● Liest Gott in der S-Bahn Zeitung? Und würde er Sie eher um den Sportteil oder die Todesanzeigen bitten?
● Über was redet Jesus mit Ihnen bei der Arbeit?
● Schaut Jesus fern? Wenn ja: nur Tierfilme?
● Welche Sorgen würden Sie im Laufe eines Tages Gott erzählen – was behalten Sie besser für sich?
● Wie würde das aussehen: Essen kochen, Rechnungen bezahlen im Namen Gottes; gibt es etwas, was Jesus gar nicht tut, z. B. Staubsaugen?
● Würden Sie in Gesprächen mutiger oder vorsichtiger, wenn Jesus dabei neben Ihnen steht?

Nehmen Sie das alles aber nur als Anregung dazu, Ihre Augen über einen ganz normalen Tag mit Jesus streifen zu lassen.

(falls Zeit): Tauschen Sie sich anschließend in Ihrer Tischgruppe über Ihre Gedanken aus und lassen Sie sich durch andere inspirieren!

5. Impuls:
Einschlafen und Aufwachen mit Jesus (5 Min)

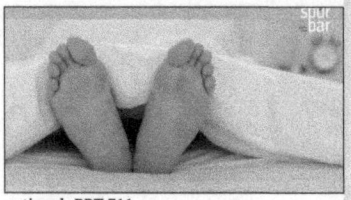

optional: PPT 711

Wir haben mit einem Tag begonnen. Wann beginnt eigentlich ein Tag? Nach der Bibel überraschenderweise am Abend. So leben es die Juden bis heute: Der Sabbat beginnt, nachdem die Sonne untergegangen ist. Denn Gott möchte, dass wir den Tag mit vielen Stunden Schlaf beginnen. „Ganz ruhig kann ich mich schlafen legen, weil du mich beschützt, bis ich morgens erwache", heißt es in Psalm 3 und meint: Schlafen ist ein Akt des Vertrauens. Wer schläft, hat eines begriffen: Auch ohne mich hält Gott die Welt am Laufen. Wer das nicht wahrhaben möchte, bekommt kein Auge zu.

Wie es Psalm 127 (wie Psalm 3 ein Abendgebet) beschreibt: „Was könnt ihr denn ohne Gott erreichen? In aller Frühe steht ihr auf und arbeitet bis tief in die Nacht; mit viel Mühe bringt ihr zusammen, was ihr zum Leben braucht. Seinen Leuten aber gibt's der Herr im Schlaf." Es mag in Ihren Ohren etwas seltsam klingen, aber für einige von uns könnte es das Frömmste, was sie tun können, im Moment darin bestehen, dafür zu sorgen, genug guten (!) Schlaf zu bekommen. Jemand aus einer Gemeinde klagte mir vor einiger Zeit: „Immer wenn ich abends beten will, schlafe ich ein." – Ich meine: Wo liegt da das Problem?

Das Erste, was Jesus für Sie tut, wenn Sie ihn in Ihren Alltag, Ihr Leben lassen, ist: Er setzt sich an Ihr Bett und bewacht Ihren Schlaf. Sagen Sie Gott Gute Nacht und legen Sie Ihre Sorgen und Ihren Zorn in seine Hand. „Lasst die Sonne nicht untergehen über Eurem Zorn", heißt es im Neuen Testament (Eph 4, 26). Wenn es irgendwie möglich ist, gehen Sie nicht zornig und unversöhnt ins Bett. Lassen Sie sich von Jesus vor dem Schlafengehen noch zum Telefon, zur Zimmertür Ihres Kindes schicken. Nicht um noch schnell alle Konflikte zu lösen. Vielleicht um ein paar erlösende Worte zu sagen: „Lasst uns in Frieden einschlafen. Morgen sehen wir weiter."

Oder wenn z. B. gegenüber dem Partner im Moment kein Wort mehr möglich ist – ein kurzer, stummer Händedruck in der Gewissheit: Mit Jesus leben wir in einer Kraft, die größer ist als unser Ärger.

Aber nach dem tiefsten, erholsamsten Schlaf kommt irgendwann das Erwachen. Unterhalten sich zwei Ehefrauen: „Wachst du auch manchmal mit Schrecken auf?"- „Nein", sagt die andere, „ich lass ihn schlafen." Die meisten Menschen, die ich kenne, wachen mit Sorgen auf. Oft sind sogar schon die letzten Stunden vor dem Aufstehen von Sorgen erfüllt, die dann überdimensional groß werden. Sie werden diese Sorgen nicht durch positives Denken oder gar Morgengymnastik vertreiben. Es sind ja leider meist berechtigte Sorgen. Sie können nur verhindern, dass sie sich wie riesige Monster neben Ihrem Bett aufbauen und Ihnen den Blick verstellen.

Als Kind habe ich am Abend meines Geburtstages alle Geschenke neben meinem Bett aufgebaut. So fiel mein Blick beim Aufwachen erst einmal auf etwas Wunderschönes.

Jesus ist für mich auch so ein Geschenk. Er sitzt doch am Abend und die ganze Nacht an meinem Bett. Also morgens: erst mal du, Jesus. Der erste Gedanke erst mal an dich. Dir wird alles erzählt, was mir in diesen ersten grausamen Morgenminuten so durch den Kopf schießt. Mensch, Jesus, lass es nicht gleich ins Herz dringen, auf den Magen schlagen. Erst mal du. Erst mal wachwerden. Mensch, Gott, pass ein bisschen auf mich auf, wenn ich jetzt aufstehe und dem neuen Tag entgegentaumele.

Einschlafen und Aufwachen mit Jesus. Mehr erst mal nicht.

6. Klärungen:
Alltag mit Jesus bestreiten (15 Min)

- Wie empfinden Sie es, den ganzen Alltag mit Jesus zu leben: befremdend, kontrollierend oder befreiend?
- Finden Sie bestimmte Zeiten zum Beten sinnvoll oder sollte man „jederzeit" beten?
- Können Sie sich vorstellen, Jesus wirklich alles zu sagen – oder kommen Ihnen manche Dinge zu banal vor, und Sie wollen ihn damit nicht belästigen?

7. Übung: Beten mit vorgegebenen Gebeten (12 Min)

Beten lernt man einfach durchs Beten, indem man vor Gott die eigenen Gedanken, Sorgen, Gefühle, Bitten usw. ausbreitet.
Manchmal aber fehlen einem auch die Worte, man ist zu müde oder zu leer oder zu traurig, um eigene Worte zu finden. Vorformulierte Gebete wie das Vater Unser oder z. B. Luthers Morgen- und Abendsegen helfen da. Ja, sie ebnen den Weg zu eigenen Gebetsformulierungen.

spürBuch S. 88 bis 91

Sie finden in ihrem spürBuch eine Sammlung solcher Gebete! Die Teilnehmenden suchen ein Gebet aus, das ihnen besonders gefällt und stellen es dann in einer Dreiergruppe vor.

In einem Veranstaltungs-Setting mit größeren Zeitressourcen kann in den Tischgruppen versucht werden, ein gemeinsames Gebet für den Tagesabschluss/-beginn zu formulieren. Die Gebete werden aufgeschrieben und an einer Gebetswand befestigt, die im Anschluss von den Teilnehmenden still besichtigt wird.
Nach Abschluss des Kurses erhalten alle eine Zusammenstellung dieser Gebete.

8. Impuls:
Gott einen besonderen Platz einräumen (15 Min)

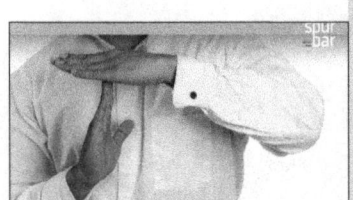

optional: PPT 713

Kommen wir noch einmal auf den Gedanken zurück, dass Gott nicht nur ein Gedanke, ein schönes Gefühl, ein religiöses Ideal ist. Nehmen wir einmal an, es stimmt: Gott ist in Jesus eine echte Person, ein wirkliches Gegenüber, einer, der wie ein Mensch, ein guter Freund mit uns durch den Alltag, durch jeden Tag gehen will. Dann ist es wichtig, dass wir anders mit Gott umgehen.

Das Erste, was wir tun können, um eine persönliche Beziehung zu Gott aufzubauen, ist ganz einfach. Wie bei jeder menschlichen Beziehung, an der uns etwas liegt, die wir am Leben halten wollen, müssen wir uns einfach ab und zu mit ihm treffen. Mal nur Zeit für *ihn* haben. Gerade wenn ich mich danach sehne, Gott auch einfach nebenher, im Alltag zu spüren, ist es eine große Hilfe, Gott auch ab und zu direkt ins Gesicht zu schauen. Dann erkenne ich ihn leichter wieder in den tausend Momenten meines Alltags.

Wie können Sie ein Treffen, eine Verabredung mit Gott so gestalten, dass sie gelingt, dass sie gut wird und Sie Gottes Gegenwart auch einmal „konzentriert" genießen können? Darum soll es jetzt gehen.

Zunächst: Gott spricht in der Regel leise. Er brüllt uns nicht an. Gott will herausgehört werden aus den Geräuschen der Welt. Wir können ihn im Alltag leicht überhören. So ist eine stille, ruhige Atmosphäre eine wichtige Voraussetzung einer Verabredung mit Gott. Die erste Frage ist nicht, was wir tun müssen. Sondern was wir für einen Moment sein lassen können und wollen. Ich kenne keinen Menschen, der damit keine Probleme hätte:

● Es liegen Sachen in der Wohnung herum, die rufen:
  Räum mich auf!

● Das Telefon klingelt, und es könnte doch sein,
  dass dieser eine Mensch anruft!

● Es ist ein Geräusch zu hören, das ich mir nicht erklären kann:
  Ist es in der Wohnung oder auf der Straße?

● Es rast mir ein Gedanke durch den Kopf, der schreit:
  Denk mich!

Vor allem Weiteren noch eine wichtige Vorbemerkung, mit der alles steht und fällt: In dem Moment, wo das Gebet für Sie zum Zwang wird, hören Sie sofort auf. Denn Sie wollen ja auch nicht, dass jemand nur aus Höflichkeit oder Angst mit Ihnen Zeit verbringt. Klar, man sollte nicht wegen jeder kleinen Laune oder Störung eine wichtige Verabredung wieder absagen. Und bestimmte Sachen erschließen sich einem erst, wenn Sie sie – wie ein Training – einfach einmal für eine bestimmte Zeit tun. Aber wenn es auf lange Sicht zu einer Zwangsveranstaltung wird, dann lässt man es lieber und überlegt stattdessen besser, woran das liegen könnte.

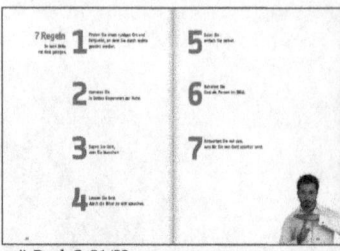

spürBuch S. 91/92

1. Finden Sie einen ruhigen Ort und Zeitpunkt.
2. Kommen Sie in Gottes Gegenwart zur Ruhe.
3. Sagen Sie Gott, was Sie brauchen.
4. Lassen Sie Gott durch die Bibel zu sich sprechen.
5. Seien Sie einfach Sie selbst.
6. Behalten Sie Gott als Person im Blick.
7. Antworten Sie auf das, was für Sie von Gott spürbar wird.

optional: PPT 714

Die sieben kurzen Regeln, die ich Ihnen jetzt mitgeben will, wie eine Stille mit Gott gelingen kann, sind Regeln, die sich für viele Menschen bewährt haben.

Die sieben Regeln sind im spürBuch abgedruckt. Dort ist auch Platz für persönliche Notizen.

Von Vorteil ist es, die sieben Regeln auf eine Flip-Chart zu schreiben. Auf diese Weise wird der Vortrag unterstützt.

8.1. Finden Sie einen ruhigen Ort und Zeitpunkt, an dem Sie durch nichts gestört werden

„Gibt es nicht in meiner Wohnung", ist die Antwort, die ich am häufigsten höre. Meistens sogar eher von Menschen, die über viel privaten Wohnraum verfügen. Mir als einem Menschen, der sich leicht ablenken lässt, haben drei kleine Dinge geholfen:

Ich habe die Dinge weggeräumt, die mich besonders ablenken. Aber wenn wir erst die ganz große Ordnung schaffen wollen, bevor wir Gott in unser Leben lassen, wird es wohl nie etwas.

Ich habe mitten im Alltagschaos einen bestimmten Platz für Gott reserviert. Bei mir ist es eine Bibel, die nie zugeschlagen wird. Andere haben noch schönere und kreativere Ideen.

Ich habe mit mir selbst einen Zeitpunkt verabredet, wann ich mit Gott reden möchte und muss das nicht jeden Tag neu überlegen. Beim Zähneputzen lauf ich ja auch nicht den ganzen Tag herum und überlege, wann es mir denn heute mal am besten passen würde. Ich hab den Termin in der Familie bekannt gemacht. Diese zehn Minuten gehören für mich zu den Menschenrechten.

8.2. Kommen Sie in Gottes Gegenwart zur Ruhe

Übertragen Sie nicht Ihre Alltagshetze in die Stille mit Gott! Besser ist, am Anfang der Begegnung mit Gott gar nichts zu tun, keine Bibel lesen, nicht beten. Denn nur zu leicht setzt man die eigene Geschäftigkeit fort. Auch die Bibel kann zu laut und schnell gelesen werden. Auch das eigene Beten kann Gottes Stimme übertönen. Wer in Hektik ist, sagt Amen, bevor Gott auch nur „Piep" machen konnte. Eine gute Hilfe, um zur Ruhe zu kommen, ist die Atemübung, die wir vorhin gemacht haben: Einatmen: „Gott ist da." Ausatmen: „Gott sagt Ja."

8.3. Sagen Sie Gott, was Sie brauchen

Bringen Sie sich nicht mühsam in irgendeine religiöse Stimmung. Denken Sie nicht: „Oh je, jetzt rede ich mit Gott. Da dürfen nur die ganz reinen und edlen Themen vorkommen."

Wie soll Gott Sie erreichen, Sie berühren können, wenn Sie nicht das mit ihm teilen, was Ihnen wirklich im Moment auf dem Herzen liegt?

Besser ist es, einfach normal zu reden. Gott zu sagen, was wirklich mit mir los ist und was ich tatsächlich brauche.

8.4. Lassen Sie Gott durch die Bibel zu sich sprechen

Wer Gottes Stimme lange nicht gehört hat, kann ihren Klang in der Bibel wiederentdecken. Lesen Sie ganz langsam und wenig und so, als sei es von Gott persönlich zu Ihnen gesprochen. Wie ein Brief von jemandem, der Sie gern hat. Bleiben Sie bei dem hängen, was Sie berührt, ohne gleich alles verstehen zu wollen. Fangen Sie mit Bibelpassagen an, die leichter zu verstehen sind als andere, z. B. einigen Psalmen oder dem Markusevangelium[30].

Aber – und das sage ich aus eigener, schmerzhafter Erfahrung: Hören Sie auf, wenn es zum hohlen Ritual wird. Es geht um Gottes Stimme zu Ihnen heute, die Bibel ist eine kleine, große Hilfe, den Klang wieder zu entdecken. Nicht mehr und nicht weniger.

---

30   Klaus Douglass/Fabian Vogt: Expedition zum Anfang. In 40 Tagen durch das Markusevangelium, Glashütten 2013.

Sage ich das zu oft? Das mag sein. Aber es scheint mir nötig. Und es ist seit biblischen Zeiten das große Thema unserer Spiritualität: wie aus Freiheit Zwang wird, aus der Gottesbegegnung eine Pflichtveranstaltung. Bleiben Sie um Gottes Willen in der Freiheit.

 **Zu diesem Abend können unterschiedliche Bibelübersetzungen zur Ansicht ausgelegt werden. Eine Beschreibung der unterschiedlichen Bibelübersetzungen ist nur in einem Setting mit größeren Zeitvolumen möglich.**

8.5. Seien Sie einfach Sie selbst

Vergessen Sie nicht: Sie machen das freiwillig! Wenn Ihre Gedanken auf Wanderschaft gehen, dann reißen Sie sich nicht zusammen. Lassen Sie Gott einfach mitwandern. Vielleicht führen Ihre Gedanken Sie dorthin, wo Sie Gott wirklich brauchen.

Klar, das weiß ich am allermeisten: Es gibt auch vollkommen unnötige Selbstablenkungen. Aber meistens hat es doch einen Grund, warum ich da auf andere Gedanken komme. Gehen Sie diesen Gedanken einen Augenblick nach. Fragen Sie sich: Warum geht mir jetzt hier, im Angesicht Gottes, genau dieses Thema durch den Kopf? Vielleicht sollte ich mit Gott einmal über meine wirklichen Themen ins Gespräch kommen.

Kommen Sie immer wieder zur Ruhe, zu sich selbst zurück: Sind Sie noch da? Reden Sie als der Mensch, der Sie in Wirklichkeit sind, mit Gott?

8.6. Behalten Sie Gott als Person im Blick

Es tut meiner Beziehung zu Gott gut, wenn ich neben dem, was mich beschäftigt, Gott einfach einmal sage, was er mir bedeutet:
- zum Beispiel, dass ich ihn lieb habe und so oft vermisse
- ihn lobe und sage, wie wunderbar er ist
- ihn anklage und wütend auf ihn bin, weil ich das alles hier gar nicht mehr aushalte
- ihm danke für mein ganz normales, wunderbares Leben

8.7. Antworten Sie auf das, was für Sie von Gott spürbar wird

Mir persönlich hilft Schreiben beim Klären von Dingen. Ich finde es aufregend, Jahre später zu lesen, wie das alles so gekommen ist mit Gott und mir.

● Schreiben Sie Gott einen Brief. Oder fortlaufend ein Tagebuch, in dem Sie Ihre Erfahrungen mit Gott im Alltag festhalten. Zensieren Sie sich dabei nicht, sondern lassen Sie Ihren Gedanken freien Lauf.

● Schreiben Sie auch einmal einen Brief an Gott, von dem Sie genau wissen, dass Sie ihn verbrennen werden. Das entlastet, unvorstellbar.

9. Übung: Mt 14, 22–23 (20 Min)

 Zwei Verse aus Mt 14 (Jesus hat gerade 5000 Menschen satt gemacht) zeigen, wie Jesus mit Belastungssituationen umgeht und was wir für uns daraus lernen können.

Lesen Sie für sich persönlich die beiden Verse.
Dann kann, wer möchte, einen Satz oder auch nur ein Wort aus dieser Bibelstelle wiederholen, das ihn oder sie angesprochen hat. Etwas kann mehrfach genannt werden, dann war es mehreren wichtig.

Kommen Sie anschließend über folgende Fragen ins Gespräch (spürBuch):

● Welchen Anstoß bekommen wir durch diese kurze Szene?

● Wie könnten Sie sich in Ihrem Leben Raum und Zeit für Gott schaffen?

● Haben Sie Erfahrungen mit dem persönlichen Beten gemacht? Erzählen Sie sich davon!

● Was ist für die Beziehung mit einem guten Freund/einer guten Freundin wichtig? Was lässt sich davon auf Ihre Beziehung zu Gott übertragen?

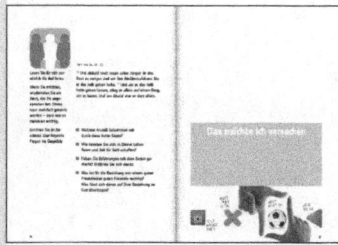

spürBuch S. 93

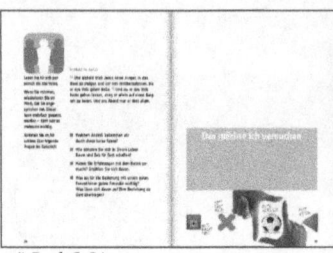

spürBuch S. 94

10. Abschluss (10 Min)

Ich bitte Sie, sich im spürBuch zu notieren, was von dem, das wir eben besprochen haben, für Sie in der nächsten Zeit dran ist. Gehen Sie damit bitte in großer Freiheit um. Es darf auch „Nichts" im Notizbuch stehen. Aber vielleicht ist Ihnen auch eine Idee gekommen, wie eine „Stille Zeit mit Gott" für Sie aussehen könnte, mit was Sie beginnen oder auch aufhören möchten. Wir lassen uns fünf Minuten Zeit.

spürSache:
Zu dieser Folge passt eine Check-Karte mit Symbolen:
Gott im Alltag aufspüren.

Im spürBuch finden Sie eine Legende zu den vier Symbolen. Ziel ist es, diese Symbole im Alltag zu entdecken und jeweils mit der entsprechenden Aussage zu verbinden:

Symbol	Aussagen
Quadrat	Gott macht frei!
Kreis	Gott hört zu!
Dreieck	Gott ist da!
Kreuz	Gott liebt mich!

optional: PPT 716 bis 718

optional: PPT 716 bis 718

Gebet
des/der Kursleiter/in oder ein gemeinsam gesprochenes Abendgebet.

Lied
„Gott ist gegenwärtig" oder ein anderes Abendlied.

Am Ende der siebten Folge steht eine Einladung zum Abschlussgottesdienst verbunden mit den notwendigen inhaltlichen und organisatorischen Details:

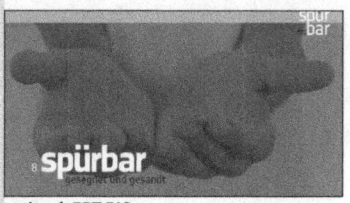

optional: PPT 719

- Hinweis auf Veranstaltungsort, -zeit und -dauer!

- Der Gottesdienst ist Teil des Nachfolgekurses. Er wird als „Werkstatt-Gottesdienst" gefeiert, also von allen gemeinsam.

- Gäste, die Sie mitbringen, sind herzlich willkommen.

- Zum festlichen Abschluss gehört ein gemeinsames Essen als bring-and-share.

Einladung zu Folge 8

spürbar – gesegnet und gesandt.

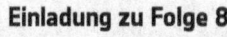

Folge 8: spürbar
gesegnet und gesandt

Gottesdienst zum Abschluss von „spürbar"

Inhalt und Ziele

Den Abschluss von „spürbar: glauben. leben." bildet ein Gottesdienst, in dem die Inhalte der Abende gebündelt und ins „Leben" gebracht werden sollen. Gedacht ist dabei an einen „Werkstatt-Gottesdienst", der erst an dem achten Abend der Seminarreihe entsteht und die Themen der sieben Folgen aufnimmt:

- **„beziehungsweise"** wird der Gottesdienst in kleinen Gruppen
  vorbereitet.
- **„arbeitsam"** wird es deshalb in der ersten Phase des Abends,
  der Gottesdienstvorbereitung, zugehen.
- **„gewissenhaft"** werden in Arbeitsgruppen Entscheidungen
  über die Inhalte selbstständig gefällt.
- **„bewegt"** könnte der Gottesdienst werden – auf jeden Fall hat
  in ihm das Platz, was die Teilnehmenden bewegt: Höhen und
  Tiefen.
- **„erstaunlich"** werden wir sagen, wenn wir entdecken, was in
  uns steckt und zu wie vielem wir fähig sind.
- **„gemeinsam"** werden wir, von Gott und seinen Gaben überrascht, Gottesdienst feiern.
- **„spirituell"** werden wir berührt von Gottes Geist und seinem
  Segen.

Als biblisches Motto des Abends kann die Kurzbeschreibung einer „Gottesdienstorganisation" von Paulus aus seinem ersten Brief an die Korinther dienen: „Wie ist es denn nun, liebe Brüder? Wenn ihr zusammenkommt, so hat ein jeder einen Psalm, er hat eine Lehre, er hat eine Offenbarung, er hat eine Zungenrede, er hat eine Auslegung. Lasst es alles geschehen zur Erbauung!"[31]

Wichtig für den Gottesdienst ist, dass alles Erforderliche bereitgestellt ist, also z.B. Texte (Bibeln, Gesang- oder Liederbücher, Gebetsbücher, Agende, Konkordanz etc.), für die Durchführung Musikinstrumente und Abendmahlsgeräte, Materialien zur Dekoration etc. Auch sollte die musikalische Begleitung des Gottesdienstes geklärt worden sein. Da aber auch die Lieder erst an dem Abend selber ausgesucht werden, muss diese flexibel sein.

Der Predigttext kann frei gewählt werden, aber besonders geeignet sind (in Aufnahme des fünften Abends) Lk 9, 10–17[32] (Speisung der 5000) oder Joh 21, 1–14 (der Auferstandene am See Tiberias).

Um auch die Predigt dem Duktus des Werkstatt-Gottesdienstes anzupassen, wird empfohlen, mit der Gruppe zu predigen. Methoden wie „Bibliolog"[33] oder die „Wink-Methode[34]" eignen sich dafür besonders, bei einer größeren und entsprechend „begabten" Gruppe ist auch eine aufgeteilte Predigt von Teilnehmenden denkbar.

Im Folgenden wird eine mögliche Durchführung des Abends auf Grundlage von Lk 9, 10–17 vorgestellt. Außerdem gibt es einen „Predigt"-Entwurf zu Joh 21, 1–14. Natürlich kann auch jeder andere Bibeltext als Grundlage gewählt werden. Auf die Bibeltexte eingehende Textpassagen müssen dann entsprechend angepasst werden.

Ein Gottesdienst ist nie eine im Verborgenen gefeierte „Winkelmesse", dennoch macht die Form des Werkstatt-Gottesdienstes eine Integration in den normalen Gemeindegottesdienst schwierig. Der Gottesdienst sollte also als Teil des Nachfolgekurses verstanden werden, kann aber ohne Weiteres für Gäste offen sein.

---

31 1 Kor 14,26
32 Dieser Bibeltext eignet sich zum einen deshalb, weil er in guter Weise unterschiedlichste Aspekte der sieben vorherigen Kursabende aufnimmt, zum anderen ist er den Teilnehmenden bereits bekannt und dadurch der Zugang für ungeübte Bibelleser einfacher.
33 Bibliolog ist eine Methode, gemeinsam einen Bibeltext zu entdecken. Hinweise zu dieser Methode finden Sie unter http://www.josefstal.de/bibliolog/index.html.
34 Die „Wink-Methode" wird kurz, aber gut beschrieben in Burghard Krause, Auszug aus dem Schneckenhaus, Neukirchen-Vluyn 1996, S.83f. Das Buch kann als pdf aus dem spürArchiv heruntergeladen werden.

Zeitliche Struktur des Abends

Die zeitliche Struktur des achten Abends weicht von den anderen Abenden ab, weil die Arbeitsschritte andere sind. Auch sollte dieser Abend mit einem Abschluss-Buffet (bring-and-share) sein Ende finden. Das Buffet muss natürlich schon an den vorherigen Abenden angekündigt worden sein, damit die Teilnehmenden etwas mitbringen können.

Eine zeitliche Abfolge könnte so aussehen:

Arbeitsschritt	Inhalt	Sozialform	Material	Zeit
1. Begrüßung u. Einführung	Einführung Aufstellung eines liturgischen Rahmens Einführung in den Predigttext Aufteilung in Teams	Plenum	FlipChart, Stifte Bibeln Gruppenräume	20 Min
2. Gottesdienst vorbereiten	Gottesdienst- vorbereitung	Arbeits- gruppen	Arbeitsanweisungen Bibeln, Konkordanz, Liederbücher, Material für Raumgestaltung, Abendmahlsgeräte, Papier, Stifte	55 Min
3. Gottesdienst feiern	Gottesdienst mit Abendmahl	Plenum	Blatt zu Lk 9 mit Impulsfragen alternativ zu Joh 21 mit Rollen zum Text, Aufgaben und Gesprächsimpulsen PPT: Lieder	75 Min
4. Festlicher Abschluss	Buffet, Feier, Verabschiedung, evtl. Ausblick		bring-and-share Buffet	60 Min
				210 Min

1. Begrüßung und Einführung (20 Min)

Nachdem wir nun sieben Abende lang „spürbar" über Themen des christlichen Glaubens nachgedacht haben, wollen wir heute Abend miteinander einen Gottesdienst feiern. Dabei gehen wir nicht einfach zum Gottesdienst, sondern wir bereiten ihn zuerst miteinander vor. Der Apostel Paulus hat einmal an die Gemeinde in Korinth geschrieben (1Kor 14, 26): „Wie ist es denn nun, liebe Brüder (und dabei hat er die Schwestern nach biblischem Sprachgebrauch mit gemeint)? Wenn ihr zusammenkommt, so hat ein jeder einen Psalm, er hat eine Lehre, er hat eine Offenbarung, er hat eine Zungenrede, er hat eine Auslegung. Lasst es alles geschehen zur Erbauung!"

Wir wollen heute Abend entdecken, was wir denn – außer den leckeren Sachen fürs Buffet am Abschluss des Abends – mitgebracht haben und an Gaben entdecken dürfen.

Darstellung des Vorhabens

Wir haben uns die Gestaltung dieses letzten Abends von „spürbar" so vorgestellt, dass wir in einer ersten Runde in kleinen Gruppen die einzelnen Elemente des Gottesdienstes vorbereiten und sie später auch in den Gottesdienst einbringen. Die Predigt selbst wird nicht traditionsgemäß vorgetragen. Wir gestalten sie als ein Gespräch.

 Ob dazu Tischgruppen, Dreier-Gruppen oder Plenarbestuhlung notwendig ist, hängt von der für das Bibelgespräch gewählten Methode ab. Diese Entscheidung ist von den Verantwortlichen vorher zu treffen, da sie für die Arbeitsgruppe „Gestaltung" wichtig ist.

Zu unserem Gottesdienst gehört auch die Feier des Abendmahls. Und nach dem Gottesdienst wollen wir den Abend und den ganzen Nachfolgekurs mit einem Fest abschließen, bei dem wir uns gemeinsam an den mitgebrachten Köstlichkeiten erfreuen.

Aufstellung eines liturgischen Rahmens.

Jeder Gottesdienst hat einen festen Ablauf: die Liturgie. Eine solche Liturgie gibt es natürlich auch für diesen Gottesdienst im Rahmen des Nachfolgekurses.

Diese wollen wir nun gemeinsam füllen.

Auf einer FlipChart o. Ä. ist der Gottesdienstablauf gut lesbar aufgeschrieben – mit Platz für Eintragungen.

 Dieser Ablauf sollte in Kopie verteilt werden, damit die Teilnehmenden ihn während der Gruppenarbeitsphase vor Augen haben und wissen, an welcher Stelle ihr Teil eingeplant ist.

 Für die Musik im Gottesdienst sind im Vorfeld Vorbereitungen zu treffen. Wichtig ist dabei, dass der Musiker oder die Musikerin flexibel genug ist, auf die Liedwünsche der Arbeitsgruppe „Lieder" einzugehen. Andernfalls fällt diese Arbeitsgruppe weg, und die Lieder sind schon vorbereitet.

 Wir machen hier einen Vorschlag für die Liturgie (kursive Textteile sollten im Normalfall von der Leitung übernommen werden), der vor Ort selbstverständlich verändert und angepasst werden kann:

- musikalische Eröffnung
- Begrüßung/Thema
- Lied
- Eingangsworte
- Eingangsgebet/Psalm
- Lied
- Schuldbekenntnis/Gnadenspruch
- Lesung
- *Glaubensbekenntnis*
- Lied
- Predigt
- Lied
- Fürbittengebet
- *Möglichkeit der persönlichen Segnung* / Lieder (Taizé?) bzw. Musik
- *Abendmahlsfeier* (mit Vater Unser)
- Lied
- Ansagen (u. a. Kollekte)
- *Segen*
- Schlusslied

Einführung in den Predigttext Lk 9,10–17

Am besten ist es, wenn jeder Teilnehmende eine Bibel vor sich hat und der Predigttext einmal vorgelesen wird (evtl. Seite angeben, wo der Text zu finden ist).

Alternativ wird der Text entsprechend der Vorlage aus dem spürArchiv vervielfältigt. Je nach gewähltem Predigttext sollten an dieser Stelle ein paar einführende Sätze gesagt werden. Für Lk 9, 10–17 könnten sie lauten:

Für die Vorbereitung des Gottesdienstes hilft es, sich bereits an dieser Stelle mit dem ausgewählten Predigttext ein wenig vertraut zu machen. Er handelt von der Speisung der 5000. Durch nur fünf Brote und zwei Fische werden 5000 Menschen satt. Diese Geschichte wird in allen vier Evangelien erzählt. Sie war für die ersten Christen und Gemeinden von großer Bedeutung.

Wenn wir das Wenige, dass wir haben, dankbar von Christus empfangen und weitergeben, können wir staunend erleben, welche Fülle vorhanden ist. Wir können das nachher in diesem Gottesdienst erleben. Es geht nicht um Perfektion, sondern um das Zusammentragen dessen, was wir haben.

Aufteilung in Teams

Wir können uns jetzt in Gruppen aufteilen, um den Gottesdienst vorzubereiten. Es gibt folgende Teams: (Hier sind dann die Gruppen zu nennen, die ausgewählt wurden.) Wenn es irgendwo keine Gruppe gibt, fällt der Teil entweder weg (falls möglich) oder wird von der Leitung übernommen.

2. Den Gottesdienst vorbereiten (55 Min)

 Mögliche Arbeitsanweisung für die Arbeitsgruppen könnten lauten (und werden den Gruppen in Kopie ausgehändigt):

Gruppe Schuldbekenntnis/Gnadenspruch

Wir sagen Gott die Dinge, die zwischen uns und ihm stehen. Dinge, die Gott vermutlich nicht gefallen: an uns, an unserer Gemeinde, an seinen Menschen, an seiner Welt.

Nach dem Schuldbekenntnis wird im Gottesdienst die Vergebung zugesprochen mit einem Bibelwort. Versuchen Sie ein Bibelwort zu finden, das als Antwort zu Ihrem Schuldbekenntnis passt.

Eine Möglichkeit für den Gnadenspruch: „Der allmächtige Gott hat sich unser erbarmt und vergibt uns durch Jesus Christus unsere Schuld. Wie es im ersten Brief des Johannes heißt:

‚Darin ist erschienen die Liebe Gottes unter uns, dass Gott seinen eingeborenen Sohn gesandt hat in die Welt, dass wir durch ihn leben sollen.' (1 Joh 4, 9)"

Gruppe Fürbittengebet

Formulieren Sie ein Fürbittengebet, das die Gottesdienstbesucherinnen und -besucher auf ihrem Weg in den Alltag begleitet.

Es hat sich bewährt, es in drei Teile zu gliedern (die auf das Thema des Gottesdienstes bezogen sein können):
Bitten an Gott
- für den Einzelnen
- für die Gemeinde
- für die Welt

Vielleicht verteilen Sie die Stücke auf mehrere Personen!

Gruppe Eingangsgebet

Formulieren Sie ein Gebet. Dieses Gebet soll allen im Gottesdienst helfen, sich auf den Gottesdienst einzustellen, ruhig zu werden, offen zu werden für Gott.

Überlegen Sie, wie die Mitfeiernden in den Gottesdienst kommen und welche Bitten an Gott ihnen helfen können, gut Gottesdienst zu feiern.

Gruppe Schriftlesung

Suchen Sie (ggf. z. B. im Stichwortverzeichnis der Bibel oder unter Zuhilfenahme einer Konkordanz) einen Abschnitt aus, der Ihrer Meinung nach am besten zu unserem Gottesdienstthema passt.

Suchen Sie den Zusammenhang in der Bibel und probieren Sie, den Text zu lesen. Der Text kann evtl. auch auf mehrere Sprecher verteilt werden.

Gruppe Gestaltung

Gestalten Sie den Gottesdienst-Ort so, dass er Ihnen „gefällt" und Sie dort gerne Gottesdienst feiern möchten. Wird eine Gruppenanordnung für die Predigt benötigt?

Überlegen Sie, was zu einem Gottesdienst an „äußeren Bedingungen" alles dazugehört.

Bereiten Sie bitte auch alles für die Abendmahlsfeier vor.

 Entsprechende Materialien wie Deko etc. stehen zur Verfügung. Abendmahlsgeräte sowie Brot und Wein (Traubensaft) sind vorbereitet.

Gruppe Kollekte

Überlegen Sie, wofür es notwendig wäre, gerade heute Geld zu sammeln. Versuchen Sie dieses Anliegen sehr konkret zu machen.

Überlegen Sie auch, wie man den Gottesdienstteilnehmerinnen und -teilnehmern dieses Anliegen gut nahebringt.

Gruppe Lieder

Suchen Sie Lieder zum Ablauf und zum Thema des Gottesdienstes. Am besten greifen Sie auch auf Lieder zurück, die während der Seminarabende gesungen wurden.

● Sind die Lieder bekannt? Ist die Liedbegleitung geklärt?

 **PPTs mit Liedern oder Gesangbücher / Liederbücher.**

3. Den Gottesdienst feiern (75 Min)

Der Gottesdienst wird gemäß der Liturgie durchgeführt. Die Seminarleitung leitet durch den Gottesdienst.

Für die Predigt (am Beispiel von Lk 9,10–17)

 Die Predigt kann als ein gelenktes Gespräch gestaltet werden. Teilnehmerinnen und Teilnehmer setzen sich dazu in Dreiergrüppchen zusammen (ähnlich wie es die 5000 zu je 50 in dem Bibeltext tun). Über die Impulsfragen, die von der Gottesdienstleitung jeweils abschnittsweise für alle mit der kurzen Erklärung genannt werden, wird jeweils 2–3 Minuten ganz spontan in kleinen Gruppen gesprochen. Je nach Kursgeschehen in den vergangenen Einheiten kann anderes betont werden.

Impulsgesprächsvorschlag zu Lk 9,10–17

9.10 Und die Apostel kamen zurück und erzählten Jesus, wie große Dinge sie getan hatten. Und er nahm sie zu sich, und er zog sich mit ihnen allein in die Stadt zurück, die heißt Betsaida.

Wir können vorher bei Lukas lesen, wie Jesus die Jünger ausgesandt hatte und was sie erlebt hatten. Ganz erfüllt waren sie von allem Erlebten und Erfolg. Aber Jesus führt sie erst einmal in die Stille hinein. Wo es nötig ist, ist Jesus ein Meister der Entschleunigung.

● Wie gelingt es uns, zur Stille zu kommen und uns bei Gott zu bergen? *(Bezug 7. Abend)*

9.11 Als die Menge das merkte, zog sie ihm nach. Und er ließ sie zu sich und sprach zu ihnen vom Reich Gottes und machte gesund, die der Heilung bedurften.

Jesus lässt die Leute zu sich. Das Wort, das an dieser Stelle im griechischen Grundtext steht, ist das Wort für Gastfreundschaft. „Jesus hieß sie willkommen" wäre vielleicht die bessere Übersetzung. Und Menschen bekommen bei ihm, was sie brauchen. Diese Gastfreundschaft von Jesus soll auch ein Kennzeichen der Gemeinde sein.

● Wo ist das in unserer Gemeinde spürbar? Was würden wir uns noch besser erträumen? *(Bezug 6. Abend)*

9.12 Aber der Tag fing an, sich zu neigen. Da traten die Zwölf zu ihm und sprachen: Lass das Volk gehen, damit sie hingehen in die Dörfer und Höfe ringsum und Herberge und Essen finden; denn wir sind hier in der Wüste.
13 Er aber sprach zu ihnen: Gebt ihr ihnen zu essen. Sie sprachen: Wir haben nicht mehr als fünf Brote und zwei Fische, es sei denn, dass wir hingehen sollen und für alle diese Leute Essen kaufen.

Der Hunger der Menschen wird plötzlich spürbar. Hunger: Dabei geht es nicht nur um Brot und Wasser, sondern auch um Hunger nach Sinn, Liebe, Erfüllung, Annahme, Heilung. Ein riesiger Bedarf. Aber die Jünger fühlen sich überfordert. Sie wollen die Menschen wegschicken, denn sie wissen: Das, was sie geben können, reicht nicht.

Dennoch fordert Jesus sie auf: Gebt ihr ihnen zu essen!

● Welchen Hunger bringen Menschen heute mit, die mit uns in Berührung kommen?
● Wie gehen wir mit diesem Hunger um? *(Bezug 5. Abend)*

9.14 Denn es waren etwa fünftausend Mann. Er sprach aber zu seinen Jüngern: Lasst sie sich setzen in Gruppen zu je fünfzig.

Es ist ein interessanter Zug der biblischen Geschichte, dass die Menschen sich in Gruppen setzen sollen. Es wird nicht einfach gegessen, sondern es geht auch um Beziehungen, um Gründung von Netzwerken, in denen gegenseitige Hilfe möglich ist. *(Bezug 1. Abend)*

Und der Bibeltext geht dann weiter:
9.15 Und sie taten das und ließen alle sich setzen.
16 Da nahm er die fünf Brote und zwei Fische und sah auf zum Himmel und dankte, brach sie und gab sie den Jüngern, damit sie dem Volk austeilten.

Jesus nimmt nur das, was die Jünger haben, dankt Gott für die Gaben und gibt sie dann zum Verteilen zurück. Es sind immer noch **nur** fünf Brote und zwei Fische. Tatsächlich „nur"?

● Welche Ressourcen stehen uns zur Verfügung? Und wie und wofür bringen wir sie ein, um anderen oder einander zu helfen, den Hunger zu stillen? *(Bezug 3. Abend)*

9.17 Und sie aßen und wurden alle satt; und es wurde aufgesammelt, was sie an Brocken übrig ließen, zwölf Körbe voll.

Das ist erstaunlich, oder? Fünf Brote und zwei Fische passen locker in einen Korb – und am Ende sind alle satt und zwölf Körbe voll bleiben noch übrig. Wie geht das? Es ist ein Wunder. Und ein Wunder kann man nicht machen, aber erleben. Es gibt Dinge, die werden tatsächlich oftmals mehr, wenn man sie teilt. Freude zum Beispiel, aber auch Liebe und Glück. Wir haben das nicht in der Hand, können das nicht verrechnen, aber es geschieht, wenn wir das Teilen wagen. Ich glaube, mit Reichtum ist es auch so. Und mit meinen Gaben und Talenten sowieso. Wenn ich etwas als Gabe Gottes erleben, kann ich es erst dann richtig schätzen, wenn es geteilt wird. Und es vermehrt sich.

● Was sind unsere „fünf Brote und zwei Fische"? Wie können wir sie einsetzen? *(Bezug 2. und 5. Abend)*.

Alternativer Entwurf für eine Gesprächspredigt zu Joh 21, 1–14[35]

 Die Teilnehmerinnen und Teilnehmer sitzen in Vierer-Gruppen.

 Sie erhalten jeweils ein Blatt mit Joh 21, 1–14 als Bibeltext mit verteilten Rollen, den Aufgaben für die Gesprächsgruppen sowie den Impulsfragen.

 **Aufgabe für die Gesprächsgruppen**

a) Lesen Sie den Text in verteilten Rollen (Erzähler, Jesus, Jünger / Simon Petrus, Lieblingsjünger).
b) Lassen Sie in der Stille den Text in sich nachhallen. Was hat Sie berührt? Wenn Sie möchten, können Sie den anderen in der Gruppe ganz kurz davon erzählen, ohne dass dies von den anderen kommentiert wird.

c) Nehmen Sie jetzt das Blatt mit den Fragen zum Text und lesen Sie es durch.
d) Jeder in der Gruppe sucht sich eine Frage aus, über die er sprechen möchte.
e) Tauschen Sie sich dann über die ausgewählten Fragen aus.

f) Am Ende der vereinbarten Zeit ist es möglich, einzelne Impulse oder Erkenntnisse allen im Plenum mitzuteilen.

---

[35] Vgl. dazu auch die Predigt von Hermann Kotthaus zu Joh 21, 1–14 im spürArchiv.

Joh 21,1–14 mit verteilten Rollen lesen

Erzähler: Später zeigte sich Jesus seinen Jüngern noch einmal am See von Tiberias. Das geschah so: Simon Petrus, Thomas, der Didymus genannt wird, Natanaël aus Kana in Galiläa, die Söhne des Zebedäus sowie zwei weitere Jünger waren dort am See beieinander. Simon Petrus sagte zu den anderen:

Simon Petrus: „Ich gehe fischen!"

Erzähler: Sie antworteten ihm:

Jünger: „Wir kommen mit."

Erzähler: Sie gingen zum See und stiegen ins Boot. Aber in dieser Nacht fingen sie nichts.   Als es schon Tag geworden war, stand Jesus am Ufer. Die Jünger wussten aber nicht, dass es Jesus war. Jesus fragte sie:

Jesus: „Kinder, habt ihr nicht etwas Fisch zu essen?"

Erzähler: Sie antworteten ihm:

Jünger: „Nein!"

Erzähler: Da sagte er zu ihnen:

Jesus: „Werft das Netz an der rechten Bootsseite aus. Dann werdet ihr etwas fangen!"

Erzähler: Sie warfen das Netz aus. Aber dann konnten sie es nicht wieder einholen, so voll war es mit Fischen.
Der Jünger, den Jesus besonders liebte, sagte zu Petrus:

Lieblingsjünger: „Es ist der Herr!"

Erzähler: Als Simon Petrus hörte, dass es der Herr war, warf er sich seinen Mantel über und band ihn hoch. Er trug nämlich nur ein Hemd. Dann sprang er ins Wasser.
Die anderen Jünger folgten im Boot und zogen das Netz mit den Fischen hinter sich her. Sie waren nicht mehr weit vom Ufer entfernt, nur etwa zweihundert Ellen.
Als sie an Land kamen, sahen sie dort ein Holzkohlenfeuer brennen. Darauf brieten Fische und Brot lag dabei. Jesus sagte zu ihnen:

Jesus: „Bringt ein paar von den Fischen, die ihr gerade gefangen habt."

Erzähler: Simon Petrus ging zum Ufer und zog das Netz an Land. Es war voll mit großen Fischen – genau 153 Stück. Und das Netz zerriss nicht, obwohl es so viele waren.
Da sagte Jesus zu ihnen:

Jesus: „Kommt! Es gibt Frühstück!"

Erzähler: Keiner der Jünger wagte es, ihn zu fragen:

Jünger: „Wer bist du?"

Erzähler: Sie wussten doch, dass er der Herr war. Jesus trat zu ihnen, nahm das Brot und gab ihnen davon. Genauso machte er es mit dem Fisch. Das war nun schon das dritte Mal, dass Jesus sich den Jüngern zeigte, nachdem er vom Tod auferstanden war.

Fragen zum Text

1 beziehungsweise – wer gehört zu mir?

Erinnern Sie sich noch an die Beziehungslandkarte, die wir am ersten Abend gestaltet haben? Wer gehört wie in welchem Verhältnis zu mir – das war damals unsere Frage. Versuchen Sie doch einmal, die Beziehungen der Personen, die im Bibeltext genannt werden, in ähnlicher Weise zu skizzieren.

2 arbeitsam – im Schweiße meines Angesichts

Am zweiten „spürbar"-Abend ging es um unser Verhältnis zur Arbeit. Nach den verunsichernden Ostererfahrungen kehren die Jünger hier zu ihrer gewohnten Alltagsarbeit zurück.
Wie deuten Sie das?

3 gewissenhaft – entscheiden und handeln

Wie man sich gewissenhaft entscheiden kann und wie wir vom „man sollte" zum Handeln kommen, das hat uns am dritten Abend beschäftigt.
Wer entscheidet in diesem Bibeltext was? Wer handelt wie? Würden Sie das anstelle der Handelnden anders machen?

4 bewegt – HOCHzeiten und TIEFpunkte

Erinnern Sie sich noch: „Alles hat sein Zeit" haben wir am vierten Abend miteinander bedacht.
Was denken Sie: Haben die Jünger diese Zeit nach Ostern im Moment des Erlebens als Hochzeit oder als Tiefpunkt ihres Lebens empfunden? Und mit welchen Empfindungen haben sie wohl später in ihrem Leben auf diese Zeit zurückgeblickt?

5 erstaunlich – was in mir steckt

Als die Jünger an Land kommen, hat Jesus schon Fisch auf dem Feuer – und bittet sie noch von ihrem gefangenen Fisch dazuzulegen. Als wir am fünften Abend von unseren Begabungen und unserer Kreativität gesprochen haben, haben wir sie mit den Fischen verglichen, die andere wunderbar satt machen.
Wie verstehen Sie die Doppelung in dieser Erzählung, dass Fisch schon da ist und der Fisch der Jünger dazukommt?

6 gemeinsam – wozu die Kirche gut ist

Ein Fischer allein hätte das schwer gefüllte Netz nicht an Land gebracht. Die merkwürdige Anzahl der 153 Fische wird manchmal so gedeutet, dass es damals 153 bekannte Völker gab. Und alle kommen im Netz zu Jesus. Am sechsten Abend hatten wir das Thema Kirche/Gemeinde.

Was denken Sie: Welche vollen Netze hat Gott unseren Gemeinden gegenwärtig in die Hände gelegt, damit wir sie gemeinsam an Land bringen?

7 spirituell – alle Tage Gott

Bei unserem letzten Abend ging es darum, wie wir unseren Glauben, unsere Spiritualität, unsere Jesus-Beziehung gestalten können. Hier erwartet Jesus die Jünger am Morgen am Ufer des Sees. Wo in Ihrem Tagesablauf wartet Jesus so auf Sie bzw. wo wäre es schön, wenn er so auf Sie wartete?

Persönliche Segnung

Die persönliche Segnung sollte durch (mehrere) Segnungsstationen an verschiedenen Stellen in der Kirche angeboten werden. Wichtig ist die Betonung, dass es nicht mehr oder weniger Segen gibt, sondern dass die persönliche Segnung mit Handauflegung nur eine Hilfe ist, den Segen für sich zu hören.

4. Abschlussfeier

Den Abschluss kann ein Bring-and-share-Buffet bilden. Jeder bringt irgendetwas in der Menge mit, wie er selber essen würde. Aber alles wird geteilt. Die veranstaltende Gemeinde sorgt für Getränke und Räumlichkeiten.

Evtl. kann in diesem Rahmen ein Ausblick erfolgen, ob und wie es nach „spürbar" ein Anschlussangebot gibt.

Verfasser

Oliver Albrecht, Jahrgang 1962, Pfarrer,
Dekan in Idstein

Kuno Klinkenborg, Jahrgang 1962, Pfarrer,
Referent im Amt für missionarische Dienste, Dortmund

Maren Müller-Klingler, Jahrgang 1974, Pfarrerin,
Münsingen

Hermann Kotthaus, Jahrgang 1951, Pfarrer,
Altenberg/Schildgen

Bianca Neuhaus, Jahrgang 1968, Pfarrerin,
Oberhausen

Sven Quittkat, Jahrgang 1964, Pastor,
Referent im Diakonischen Werk in Niedersachsen e.V., Hannover

Volker Roschke, Jahrgang 1949, Pfarrer,
Referent Arbeitsgemeinschaft Missionarische Dienste, Berlin

Maike Sachs, Jahrgang 1960, Pfarrerin,
St. Johann-Gächingen

Quellenangaben

- Arbeitsgemeinschaft Missionarische Dienste (Hg.): SPUR8 – Entdeckungen im Land des Glaubens, Neukirchen Vluyn 2013.

- D. Martin Luthers Werke, Weimarer Ausgabe 31. I. Band, S. 437.

- Eduard Lohse / Evangelische Kirche in Deutschland. Kammer für Bildung und Erziehung: Zusammenhang von Leben, Glauben und Lernen : Empfehlungen zur Gemeindepädagogik, Gütersloh 1982.

- Hanns Dieter Hüsch: Ich bin erlöst (Psalm), aus: Hanns Dieter Hüsch / Uwe Seidel, Ich stehe unter Gottes Schutz, Seite 140, 2014/13 © tvd-Verlag Düsseldorf, 1996.

- Gute Nachricht Bibel, revidierte Fassung, durchgesehene Ausgabe, © 2000 Deutsche Bibelgesellschaft, Stuttgart.

- Johannes Zimmermann / Anna-Konstanze Schröder (Hg.): Wie finden Erwachsene zum Glauben? Einführung und Ergebnisse der Greifswalder Studie, Neukirchen-Vluyn 2010.

- Klaus Douglass / Fabian Vogt: Expedition zum Anfang. In 40 Tagen durch das Markusevangelium, Glashütten 2013.

- Thomas Daigeler / Wolfgang Krüger: Führen, Planegg/ München 2012.

- Neues Leben. Die Bibel © 2002 und 2006 SCM R.Brockhaus im SCM-Verlag GmbH & Co. KG, Witten.

- Uwe Seidel: Mein Glück, aus: Hanns Dieter Hüsch / Uwe Seidel, Das kleine Buch zum Glück, Seite 10. 2012/6 © tvd-Verlag Düsseldorf, 2001.